神知识又增加了

希腊神话图解百科

LES HÉROS
DE LA MYTHOLOGIE

[法] 奥德·戈埃米纳 著

[法] 安娜－洛尔·瓦鲁特斯科斯 绘

都文 译

上海文化出版社

目录

神话的演变

神话是一种宗教，亦是一部历史

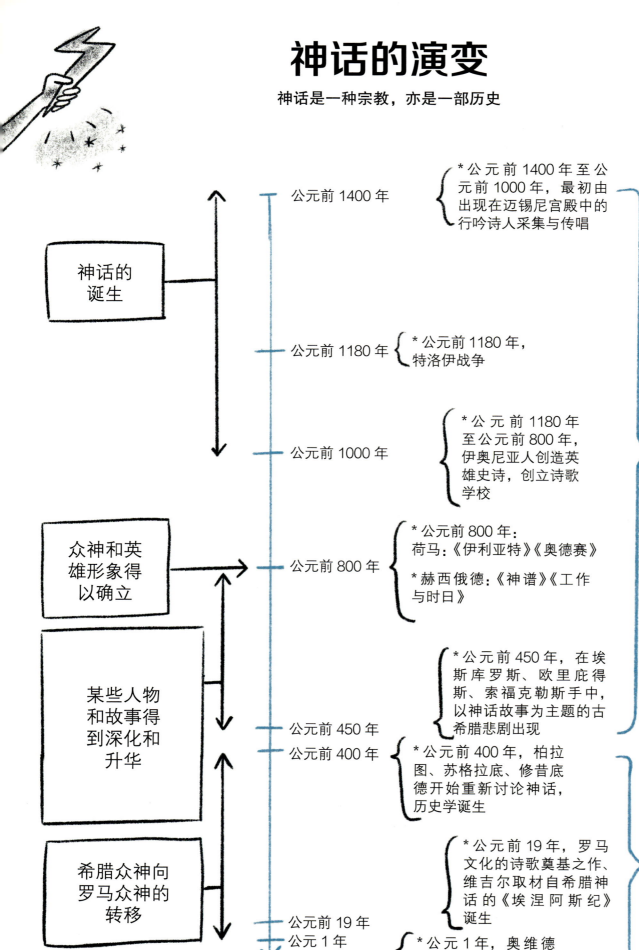

神话的诞生

公元前 1400 年

{ *公元前 1400 年至公元前 1000 年，最初由出现在迈锡尼宫殿中的行吟诗人采集与传唱

公元前 1180 年

{ *公元前 1180 年，特洛伊战争

公元前 1000 年

{ *公元前 1180 年至公元前 800 年，伊奥尼亚人创造英雄史诗，创立诗歌学校

众神和英雄形象得以确立

公元前 800 年

{ *公元前 800 年：荷马：《伊利亚特》《奥德赛》

*赫西俄德：《神谱》《工作与时日》

神话故事是一种宗教

某些人物和故事得到深化和升华

{ *公元前 450 年，在埃斯库罗斯、欧里庇得斯、索福克勒斯手中，以神话故事为主题的古希腊悲剧出现

公元前 450 年
公元前 400 年

{ *公元前 400 年，柏拉图、苏格拉底、修昔底德开始重新讨论神话，历史学诞生

希腊众神向罗马众神的转移

{ *公元前 19 年，罗马文化的诗歌奠基之作、维吉尔取材自希腊神话的《埃涅阿斯纪》诞生

但更是一段历史和对公众道德的教诲

公元前 19 年
公元 1 年

{ *公元 1 年，奥维德集希腊遗风之大成的《变形记》诞生，基督纪元开启

希腊文明中的神话

神话是希腊文明的基础：它不仅是行吟诗人们（他们既是古老祭司，亦是抒情歌者）在宴席之上为吸引王室听众所讲述的精彩故事，在那个时代，神话更是一种真正意义上的宗教，充分联结着人与他们的信仰。神话讲述了人的起源和众神的由来；赋予了所有希腊人一段历史、一套范式、一门语言、一种集体归属感，这些超越了城邦间的竞争、战争，乃至所有，构建了希腊人的文明统一体，并对无法言明之事作出了解释。

记忆初始期的抒情诗

神话的历史可上溯至希腊文明的蒙昧时期。公元前 14 世纪至公元前 11 世纪，在迈锡尼最早的几座宫殿之中，行吟歌者们唱诵着他们从历史事件和天象中汲取灵感而创作出的最原始的故事。公元前 1180 年，伴随着特洛伊战争的爆发——真实发生过的那场——在伊奥尼亚地区出现了最早期的英雄主义史诗和诗歌学校，诗人荷马很有可能在公元前 800 年左右出生于此。在那个时代，行吟歌者们大多变成了诗人，而不是祭司，虽然后者的身份长久以来受人敬仰。荷马就是行吟歌者中最著名的一位。尽管他的双目失明为世人所知，但更让他享有盛名的是人们认为有关希腊历史的两部最伟大的英雄史诗皆出自他之手：《伊利亚特》描绘了特洛伊战争；《奥德赛》则讲述了战争结束后尤利西斯踏上归途的故事。

在同一时代，另一位行吟歌者赫西俄德不仅写下《神谱》，描绘了众神的来历，还通过《工作与时日》详述了人类的起源。由此，在公元前 800 年，神话的主体部分得以确定。在行吟歌者（亲自创作诗句）之后是游吟诗人（讲述由行吟歌者创作的诗句——请想象一下，在当时仅靠口头表达的传统之下，游吟诗人们为了做到完整叙事，该是具备了何等的记忆力！）。这些神话故事在陶器、雕塑、绘画、建筑等门类中均有反映。

写作与重新审视

公元前 500 年至前 400 年间，古希腊三大悲剧奠基者埃斯库罗斯、欧里庇得斯与索福克勒斯在各自的作品中歌咏神话。在同一时代，苏格拉底和柏拉图等哲学家开始重新审视神话的真实性，继而将其定性为单纯的媒介，即一种用来普及历史与公共伦理道德的工具。柏拉图甚至自己创作了一些神话故事（比如关于洞穴或亚特兰蒂斯的）。同一时期，"历史学之父"希罗多德和继承他衣钵的修昔底德"创造"了历史，并赋予其含义与要求：力求精确与真实，排除谣言和无法为研究目标提供直接证据的部分，追求客观性……这就意味着神话故事变得可疑了！

但请注意：大多数的希腊人还是非常迷信，仍然相信神祇、英雄，以及城邦的神话起源……

苏格拉底甚至还因为被指控否认祖先神祇的存在（他连这都敢质疑！），并且对雅典新近在伯罗奔尼撒战争中在道德和军事上的失败负有间接责任，而被判处死刑。

从希腊人到罗马人

随着罗马这股新生力量在地中海的不断壮大，古老而享有盛誉的希腊宗教也传播到罗马人中。罗马人将其占为己有，并把自己的神祇与之混为一谈，更改了他们的姓名。例如，宙斯变成了朱庇特，阿芙洛狄忒变成了维纳斯。这种面向罗马人的传播随着维吉尔《埃涅阿斯纪》的问世而到达巅峰。维吉尔作为罗马皇帝奥古斯都的朋友，以一位特洛伊英雄为原型，为罗马写就了这样一部神话奠基之作，意图与荷马一争高下。在同一时期，奥维德创作的《变形记》使希腊化时代的传统得以升华，重拾并超越了希腊历史故事：希腊—罗马式神话可以说就在耶稣基督降生那一年攀到了它的顶峰。

家谱

黑手党团队

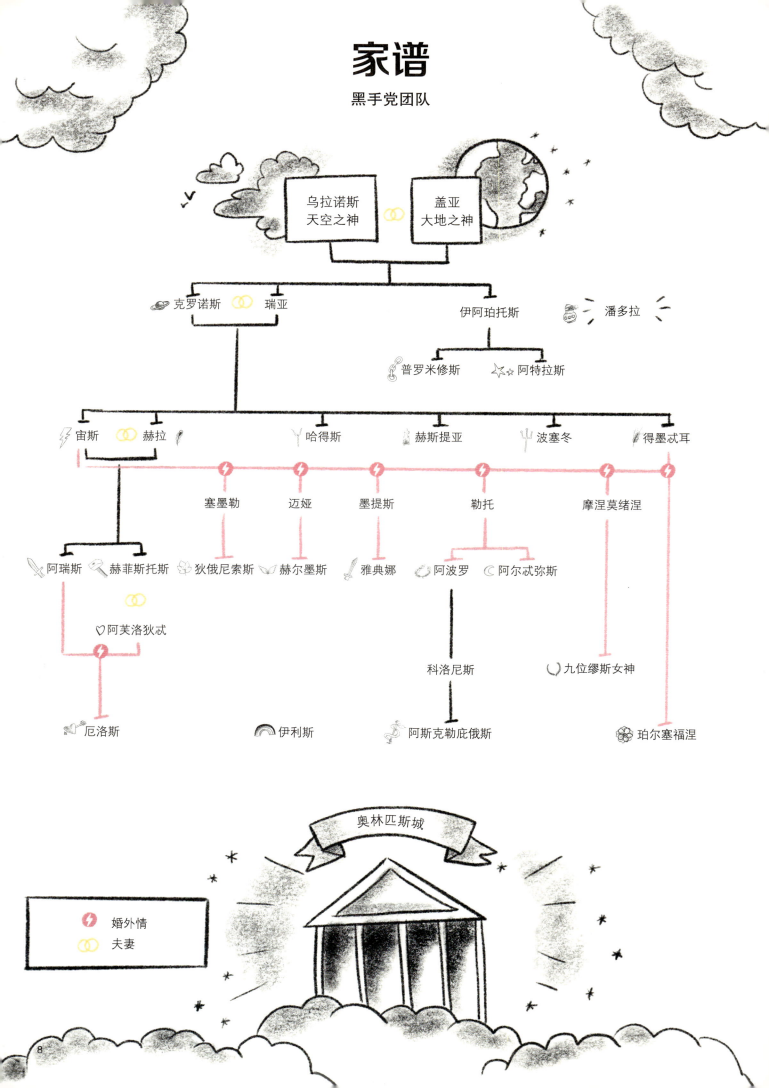

乌拉诺斯 天空之神 ⚭ 盖亚 大地之神

克罗诺斯 ⚭ 瑞亚

伊阿珀托斯 　 潘多拉

普罗米修斯　　阿特拉斯

宙斯 ⚭ 赫拉　　哈得斯　　赫斯提亚　　波塞冬　　得墨忒耳

塞墨勒　　迈娅　　墨提斯　　勒托　　摩涅莫绪涅

阿瑞斯　赫菲斯托斯　狄俄尼索斯　赫尔墨斯　雅典娜　阿波罗　阿尔忒弥斯

⚭ 阿芙洛狄忒

科洛尼斯

九位缪斯女神

厄洛斯　　　　伊利斯　　阿斯克勒庇俄斯　　珀尔塞福涅

奥林匹斯城

⚡ 婚外情
⚭ 夫妻

英雄与神话

史诗

```
                    伊利亚特和奥德赛

     阿耳戈英雄          特洛伊战争         奥德赛        埃涅阿斯纪
    "寻找金羊毛"        "伊利亚特"
```

阿耳戈英雄 "寻找金羊毛"
- ⚔ 伊阿宋 ⭕⭕ 美狄亚
- 🎵 俄耳甫斯
- 🥚 卡斯托尔和波鲁克斯
- 🏺 赫拉克勒斯

特洛伊战争 "伊利亚特"
- 🛡 埃阿斯
- 👣 阿喀琉斯　安德洛玛刻 ⭕⭕ 赫克托耳 👍
  - 💔
- 🐂 墨涅拉俄斯 ⭕⭕ 海伦 ⭕⭕ 帕里斯 🍎
  - 👑
- 🏺 阿伽门农　　　　　卡桑德拉 💡

奥德赛
- ⛵ 尤利西斯
- 珀涅罗珀

埃涅阿斯纪
- ⭐ 埃涅阿斯
- 🗡 狄多

英雄

柏勒罗丰　　珀尔修斯　　罗慕路斯和雷穆斯　　忒修斯 ⭕⭕
　　　　　　⭕⭕
　　　安德洛墨达

{ 菲德拉
{ 阿里阿德涅

被爱之人

丽达⚡　伊娥⚡　达娜厄⚡　欧罗巴⚡　奥利温　达芙妮

妖怪

米诺陶洛斯　塞壬女妖　美杜莎　帕伽索斯　复仇女神　喀戎　喀迈拉　亚马逊女战士　斯芬克斯

受难者

💰西西弗斯　　坦塔罗斯　　达那伊德斯姐妹　　那喀索斯　🪽代达罗斯和伊卡洛斯
☀法厄同　　米达斯　　俄狄浦斯　　⚖俄瑞斯忒斯

赫尔墨斯

赫菲斯托斯

狄俄尼索斯

阿波罗

诸神议会，1518年，拉斐尔，法尔内塞别墅，罗马。

在这幅画作上，丘比特眉头紧蹙，在宙斯面前慷慨陈词，奥林匹斯诸神庄严地齐聚一堂。丘比特爱慕无法永生的普赛克，想让她被诸神接受，成为不朽之身。这种要求只能通过十二位奥林匹斯神祇投票才能实现。普赛克站在画作的左端，赫尔墨斯递给她一杯神酒，如果丘比特为她争取到这项特权，她就可以喝下它，变成不朽之身。阿芙洛狄忒的手指指向儿子，向他解释说，普赛克已经通过了自己为她布下的一系列考验，证明了她值得被爱。十二神祇与各自的身份象征物同时在场（例如，哈得斯脚下那只凶恶的看门犬）。我们在图中还能认出半神赫拉克勒斯，倚靠着斯芬克斯的两位河神（可能是尼罗河神和台伯河神），还有带着双重面孔的雅努斯。

从左到右依次是：普赛克、小爱神、赫尔墨斯、斯芬克斯、雅努斯、台伯河神、赫菲斯托斯、赫拉克勒斯、尼罗河神、狄俄尼索斯、阿波罗、阿瑞斯、阿芙洛狄忒、哈得斯、丘比特、波塞冬、宙斯、阿尔忒弥斯、赫拉、雅典娜。

奥林匹斯山十二主神

阿瑞斯　阿芙洛狄忒　哈得斯　波塞冬　宙斯　阿尔忒弥斯　赫拉　雅典娜

这十二位奥林匹斯主神，有点类似于神界的"VIP"。万事万物都遵循着他们的意志运转，好比钟面上的十二个小时刻度或是日历中的十二个月份。

这个非常私密的组织只召集奥林匹斯山峰上的永久居民参加。宙斯在五位男神和六位女神之间占据统治地位＃均等，其他十一位神祇要么是他的兄弟姐妹，要么是他的孩子……只有阿芙洛狄忒除外，这位爱神美到可以让诸神为她打破惯例。身为不朽之躯，他们以琼浆玉液为食，因而可以永葆青春。不仅如此，人类还要永远向诸神贡献祭品，否则会受到严厉的惩罚。按理说，地狱之神哈得斯并不属于这个天团，因为他从不走出他的地下宫殿，就如酒神狄俄尼索斯总是在人间鬼混，并与人类醉倒一处一样。可既然这两位时不时会被登记在册，那我们就让他俩也进入天团吧。嗯，仅此一次！

宙斯

众神之神，气象之神

身为众神之神，宙斯在各位神祇之中是最受尊敬的一位。他司掌大地与天空，统治着诸神与人类……他是一位典范，但在对妻子保持忠贞这件事上除外！

朱庇特（宙斯）和忒提斯，1811 年，安格尔，格拉内博物馆，普罗旺斯艾克斯。
　　这幅画难道没让你联想到什么吗？安格尔在此借鉴了自己 1806 年的作品，在那幅画作中，他描绘的拿破仑一世与此画中的宙斯有着一模一样的权杖和眼神。拿破仑和宙斯都以雄鹰作为象征符号。

我父亲是食人怪，我母亲是一只山羊

宙斯的出生没有呈现出一丝他未来将获得辉煌成就的征兆：他的父亲提坦巨人克罗诺斯为防止后代推翻他的统治，会把新生儿吞进自己的肚子里，（宙斯出生前）他已经吃掉了前五个孩子。多么残忍的手段。但是，小宙斯宝宝运气不错。他的母亲瑞亚决定把一块石头包裹成襁褓的样子以代替小宙斯。果然，盲目自负的克罗诺斯吞下了所有，而宙斯宝宝则被送往克里特岛的伊达山藏匿起来，在那里，他由山羊阿玛尔忒亚用乳汁哺育长大。

"宙斯！把你的房间整理好！"

家，甜蜜的家 →

位于克里特岛杰拉卡里伊达山的米塔托（石头小屋）内部，据说是宙斯温柔的童年之乡。

伊达峰（位于正中）

克里特岛

闪电之神

宙斯长大后立即回来报复父亲。他成功地让克罗诺斯饮下魔酒，使他吐出之前吞噬掉的孩子们。然后，宙斯与兄弟们联合向父亲发起攻势。克罗诺斯也联合自己的提坦巨人兄弟予以反击。但宙斯解救出了三个巨人：独眼巨人、闪电巨人和霹雳巨人，作为感激，他们为宙斯锻造了强大的雷电武器，自带三级启动模式（一级：警告；二级：惩戒；三级：毁灭）。凭借此武器，宙斯取得了胜利。

吾乃统治者，掌管土地和……

罗马名：朱庇特
词源："闪耀之人"
绰号：超强者
父亲：克罗诺斯，提坦巨人
母亲：瑞亚，提坦女神

天空之神

击败提坦神族之后，宙斯和兄弟们把掌管宇宙的权责一分为三：海洋交给波塞冬，地狱交给哈得斯，土地留给自己。他把天空作为自己的安身之所，这片天空在云层和暴风雨之上，一直浸润在阳光和纯净的空气之中。唯有几座山峰可触及这片天空……尤其是宙斯最爱的住所奥林匹斯峰，锻造之神赫菲斯托斯在此山之上为他修建了一座壮丽宏伟的宫殿。

宫殿就在这里。

可怜的普通人

艾尔米塔什的朱庇特

以宙斯为主题的艺术作品中，最著名的一件位于圣彼得堡的艾尔米塔什博物馆。这是一件古老的复制品，仿造对象是被誉为世界第三大奇迹的美轮美奂的奥林匹斯宙斯神像，原作采用了"克里斯里凡亭"技术（用象牙和金子做材料）。这件雕像十分精美，使人们不得不怀疑雕塑家菲迪亚斯雕刻奥林匹斯山的创作灵感来源于真实的原型！这件作品在八百年间一直被人瞻仰，却不幸在5世纪时消失不见了，有可能是遭遇了火灾。

日常习语——"宙斯的雷霆"和"朱庇特的胡子"

宙斯的致命武器是雷霆吗？如今这甚至已经成为阿斯泰利克斯主题公园里一个标志性的游玩项目了，在之前几个世纪里，宙斯的雷霆一直被当作一种诅咒。尤维纳利斯也告诉我们，在古希腊与古罗马文化中，人们以"朱庇特的胡子"起誓。这一方式被流传下来，学者们甚至把一些多丝状的植物命名为"朱庇特之须"，向它们与神之间的相似之处致敬。

因为这是我的计划！

马克龙，"朱庇特式"总统

就职之时，马克龙总统就传递给记者们这样一种信息：弗朗索瓦·奥朗德曾经的愿望是做一位"正常"的总统，而他则将成为一位"朱庇特式"总统。报刊媒体作为马克龙的粉丝，对这种表达方式青睐有加，他们时不时就会加大曝光力度，让这一话题登上头版头条，人们就此展开热烈评论……在古希腊与古罗马文化中，宙斯一直是众国王的偶像：谁说这在今天已经过时了？

波塞冬

海洋之神

身为宙斯的兄弟和海洋与水系之神，波塞冬的形象尽人皆知，其典型标志是三叉戟和由海豚或马队牵拉的战车。波塞冬喜怒无常、惹人注目，性格是有那么一点暴躁啦……

尼普顿（波塞冬）和安菲特律特，17世纪，焦耳达诺，美第奇－里卡迪宫，佛罗伦萨。

致命武器

波塞冬的典型标志是他的三叉戟，独眼巨人们以此感谢他在与其邪恶的父亲克罗诺斯，以及那些可怖的提坦神族对战中将他们解救出来。这把厉害的武器可以搅翻大海，把山体一劈为二，让泉水喷涌……这把武器用起来得心应手，从而帮助波塞冬打败提坦神族，并将他们监禁在塔尔塔罗斯的地狱最深处……鞑靼牛排由此而来！

波塞冬，停下你的战车！

如同《小美人鱼》故事里的特赖登国王一样，波塞冬喜欢驾驶着由海豚们牵拉的战车乘风破浪，海豚是他的吉祥物。不仅如此，有时海神还变身成海豚，去引诱那些他想奉承讨好的姑娘。他就是通过化身成鲸类长伴墨兰托左右，才追求到她。他们的儿子德尔斐斯，就是德尔斐城的缔造者！波塞冬还创造了海豚星座，以向某只叫作德尔菲诺斯的海豚表达谢意，因为它曾帮助他追求安菲特律特，这位仙女后来成了波塞冬的妻子……够气派！

"你好啊，少女。想不想看看我的战车？"

波塞冬的野心

作为淡水和咸水之王，波塞冬统治着极为辽阔的水域……但有时，他仍然觉得不满足。他有点嫉妒宙斯，宙斯把大地这一最好的统治区域留给了自己，因为当初是宙斯想办法让父亲把吞进肚子里的孩子吐出来，这才救活了小波塞冬的性命。

有一天，波塞冬、赫拉和雅典娜密谋，企图将宙斯推下王位。但他们运气实在不好，最后失败了，波塞冬被判罚劳作一年。从此，他再也不敢这么干了。

他把赌注错押在了马身上

波塞冬的另一瑞兽是马，他故意将之创造出来，完全是为了讨好雅典人。当日，雅典人组织了一场竞赛，想以此选出这座城市的保护神。于是，波塞冬用他的三叉戟朝着卫城的土地上一敲，一匹漂亮的种公马突然从地下冒了出来。男人们目眩神迷，一致赞赏这个礼物；然而，他的对手雅典娜更加机灵聪明，她送出橄榄树作为礼物，这一礼物虽然在打仗时帮不上什么忙，但在和平时期却是大有用处，因而赢得了广大妇女们的支持……波塞冬错失良机。

我们赢啦！
我们赢啦！

罗马名：尼普顿

词源："主人"

绰号：大地震撼者

父亲：克罗诺斯，提坦巨人

母亲：瑞亚，提坦女神

遇见波塞冬

在宣传里

由于波塞冬的三叉戟标识在航海世界中十分具有代表性，地中海俱乐部（Club Med）便顺应潮流，将三叉戟作为自己的标志。无独有偶，巴巴多斯这一位于加勒比海的迷你国度，也把三叉戟的图案加到了他们的国旗上，以凸显自己海洋之国的身份。直至今日，人们仍然经常使用三叉戟作为海底的捕猎工具……

在科学领域 / 在古希腊时代

如大海一般蔚蓝的海王星（尼普顿星），得名于波塞冬的拉丁名。但事实上，这纯属偶然。这一天体在1843年才通过推算被人类发现，远远晚于荷马与他的小伙伴们所在的时代，而且当时我们也未观测到它的颜色。真是碰巧了。对了，海王星的标志正是尼普顿的三叉戟。

在迪士尼的世界里

你看过电影《小美人鱼》中的国王特赖登吗？不看他的鱼尾巴的话，他的形象几乎和波塞冬一模一样。不仅如此，出现在第一幕场景中特赖登的华丽宫殿，就是直接从传统故事中汲取的灵感。在荷马讲述的故事里，波塞冬正是那座金光灿灿永立不朽的海底宫殿的主人。

这个标志好像跟我有点关系啊。

Club Med

海王星，太阳系中第八颗也是最后一颗行星。

保持安静

留在海底，留在海底，

我的心上人啊，还是这样更好。

大家都很幸福，留在海底。

赫拉

婚姻与妇女之神

虽然不是她自己造成的，但赫拉确实是奥林匹斯众神中给人好感度最低的女神。身为恒久不忠的宙斯之妻、之姊，赫拉永远多疑善妒——这使得她性情暴躁，热衷复仇。不过，赫拉本人对待宙斯却始终忠贞不贰，这一点，倒是让她得以永远司掌婚姻与守护妇女之神的职位，女人也因此对其无比敬仰……尤其是那些盼望着能拥有丈夫或孩子的女人！

宙斯在伊达山上被赫拉迷惑，1799 年，巴里，格雷夫斯美术馆，谢菲尔德。

宙斯与赫拉的风流一瞬，赫拉试图转移丈夫的注意力，以阻止他在特洛伊战争中援助特洛伊人。

无赖布谷鸟

赫拉起初并不想成为全宇宙中最饱受不忠之苦的妻子，她甚至还屡次拒绝过她的弟弟。但有一天，宙斯为获取她的怜悯之心，幻化成一只浑身被淋湿的小布谷鸟，出现在正闲逛的赫拉面前。赫拉对这只可怜的小鸟动了恻隐之心，将它拢在自己的胸口取暖……

结果，砰一声，宙斯现出人形，并趁机征服了不情愿的姐姐。#放荡之人。赫拉的权杖上至今还栖息着一只小布谷鸟……淫秽的记忆。

反偷情者

宙斯与赫拉的新婚之夜持续了 300 年之久，经历了这段最初的浪漫之后，两人之间的感情开始恶化。宙斯是一个积习难改的不忠之人，赫拉不得不一直监视着他。

一天，赫拉指派能看见一切的百眼巨人阿耳戈斯去监视伊娥，却发现宙斯正与其偷情，为瞒住妻子，宙斯甚至将伊娥变成了一头小母牛。然而，巨人却被赫尔墨斯受宙斯之命杀死了……赫拉倍感伤心，将巨人幻化成孔雀之身，那是她最爱的动物，巨人的颗颗眼睛至今还装点在它的一身羽毛之上。

赫拉，首都博物馆，罗马。

我看见你啦！

帕里斯的判决，20 世纪，希克。

我们可以看到赫拉站在后面，略显庄严，她感觉到将争得金苹果的人并不是自己。

纠缠不休的空间探测器

以赫拉的拉丁名"朱诺"来为监测木星（朱庇特）的空间探测器命名，真是再合适不过了。朱诺探测器在圆满完成任务后，会采集到她"丈夫"的内部云层数据，对这颗气态巨星进行细致入微的观测……对于一个始终梦想着查清真相的女神来说，这可真是一记漂亮的复仇啊！

六月，货币之月

赫拉，被罗马人称呼为朱诺（Juno），六月（Juin）这个月份的命名即来源于此……多么殷勤的祝圣献礼！不仅如此，在罗马国会大厦所在的山丘之上，有一座名为"朱诺·摩勒塔"（Juno Moneta）的神庙也是为赫拉而建，意指她是发出警告之人（因为在一次深夜遇袭中，住在神庙里的圣鹅唤醒了罗马守卫）。在神庙旁边，建有一家铸造银币的作坊，人们顺便就用了 Moneta 为这家造币厂命名……这便是我们今日"货币"一词的由来！

群山里的回音

有一个仙女，为了帮助宙斯偷情，总是通过絮絮叨叨的闲扯来转移赫拉的注意力……这个冒冒失失的小不点儿啊，真是搞不清楚自己到底在和谁打交道！暴怒的赫拉出于报复，惩罚她永远只能重复别人的话，而不能说自己想说的话。这位仙女名叫厄科（Echo，回音之意），我们至今依然能听得到她，即便她只能以声音的形式存在了……

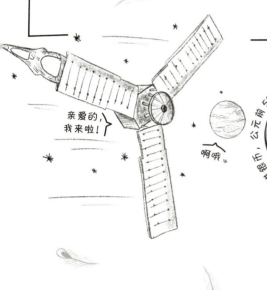

亲爱的，我来啦！

啊哦

面纱美人戴着层层面纱

雅典银币，公元前 500 年。

美貌的赫拉虽然经常被人献殷勤，对待爱情却一直忠贞不渝。她长长的面纱在希腊被视为婚姻的象征，亦是赫拉本尊的标识。有一次，赫拉被宙斯的不忠激怒，虽然他苦苦哀求，赫拉仍然离开了他。宙斯转生一计：他在自己身旁立了一个木头雕像，上面覆着层层面纱，并让人传出风声，说那是自己的未婚妻。恼怒的赫拉立刻闻讯赶来，准备干掉自己的情敌。当意识到这是一场骗局时，赫拉哈哈大笑，与丈夫重归于好。

罗马名：朱诺
绰号：白臂女神或牛眼天后
父亲：克罗诺斯，提坦巨人
母亲：瑞亚，提坦女神

银河

赫拉的仇恨之心不仅指向她的情敌，就连情敌与宙斯生的孩子她也不肯放过。最典型的例子莫过于赫拉克勒斯（赫丘利）：他甫一出生，赫拉就派了两条蛇爬到他的摇篮里去（但他徒手捏死了它们）。

为保护这个孩子，赫尔墨斯想出了一个主意。因为任何一个宙斯的儿子，如果没有喝过赫拉的乳汁，就无法成为不朽之身，于是，趁着赫拉熟睡时，赫尔墨斯把这个小婴儿带到赫拉胸前。赫拉被他的吸吮惊醒，一把将孩子推开，由于用力过猛，她的乳汁直冲上天，于是绘出了……银河[1]！

喷向无穷和彼岸

银河起源，1575 年，丁托列托，英国国家美术馆，伦敦。

1　英文和法文中，银河一词直译为"乳汁之路"。

17

雅典娜

战争之神

雅典娜是雅典人最钟爱的女神——原因还用说吗？她是所有神祇中能力最全面的一位，司掌智慧、战略、兵法、文学、艺术、技艺……总而言之，"没什么她不懂的"！

密涅瓦（帕拉斯·雅典娜），1898年，克林姆特，维也纳美术馆。

有"拥有湖蓝色眼睛的女神"（也就是绿色）之称的雅典娜，在此幅作品中身披华美金甲，上以女妖美杜莎的头颅做装饰：这是珀尔修斯送她的礼物，以感谢她对自己的帮助！PS：你看她手臂后面，那只神情警觉的猫头鹰，作为她的象征，正在观察你呢……

雅典娜，一颗真正的头脑

有一天，宙斯听到一则预警，如果他正在孕期的情人墨提斯为他诞下一个儿子，这个孩子将会推翻他的统治。谨慎的宙斯为了消除潜在威胁，直接把墨提斯变成了一只苍蝇，整个吞进了肚子里。斩草除根。可几个月之后，他突然觉得头痛欲裂，不得不向锻造之神赫菲斯托斯求助，让他用斧子把自己的头颅劈成两半，结果一劈开，小雅典娜就从里面跳了出来，她当时还全副武装，手持长枪，头戴金盔！

特级初榨

为了知道究竟哪位神祇会成为雅典的守护神，人民决定举行一次选举，规定谁能送给大家一份最好的礼物，谁就能当选。这一天，自信满满的波塞冬创造了一匹马……男人们见了无比狂热。轮到雅典娜时，她敲了敲土地，紧接着……一棵幼小的橄榄树破土而出。男人们很失望，但是女人们看出了门道，知道橄榄油的用处有多大，转而把票投给了雅典娜。（雅典娜还发明了马笼头用来驯化男人们的马匹——#达成和解。）

猫头鹰女神

雅典娜的圣鸟是一只猫头鹰，因为这种猛禽以视觉敏锐著称，即使在黑暗中也什么都能看见，用它来象征"认知"再完美不过。它为雅典娜充当信使，提供建议，以拯救那些英雄（是的，哈利·波特系列完全照搬了这一桥段）。古代的雅典钱币上就印着猫头鹰图案的纹章，后来鸱鸮（猫头鹰）就成了泰特拉德拉克玛（这种银币的名称）的同义词。时至今日，希腊面值1欧元的硬币上依然印着这一标志。

罗马名：密涅瓦
词源："头脑"
绰号：贞女
父亲：宙斯
母亲：墨提斯

希腊

雅典

雅典钱币上印有猫头鹰的图案，公元前500年。

希腊面值1欧元的硬币上印有一只猫头鹰。

遇见雅典娜

可爱的鸮鸟

在欧洲，猫头鹰的形象与雅典娜的关联深入人心，大家因此把最常见的小猫头鹰称为"雅典娜之鸮"！它被视作认知的象征，在给哈利·波特的创作带来灵感之前，久负盛名的出版公司美文出版社就以一只美丽的、眼里充满哲思的雅典娜之鸮作为自己的标志。

哈利·波特 = 剽窃

菲迪亚斯的雕塑作品

在帕特农神庙建造之时，一座由菲迪亚斯创作的雄伟壮丽的雅典娜塑像被安置在神殿的圣位之处。这座美丽的塑像耗资惊人：它采用了"克里斯里凡亭"的雕塑技法（用黄金和象牙制造），单就购买黄金这一项支出，就相当于一万名士兵全年的收入总和！

不在"神盾之下"，而是……"之上"！

在菲迪亚斯创作的雅典娜雕像的神盾上，刻画着美杜莎的头颅和蛇发……珀尔修斯听从雅典娜的建议，将女妖美杜莎杀死。他为了表示感谢，将美杜莎的头献给了雅典娜，雅典娜将其装饰在了自己的护胸甲上，即女神披在脖颈周围的铠甲，或是她的盾牌上。

为了完成造价高昂的雅典娜雕像，雅典人（尤其是伯里克利，图中戴着头盔的那一个，正在和雕塑家商议）挪用了希腊城邦联盟金库里的资金……这件事导致了伯罗奔尼撒战争的爆发！

贞女之身，却几乎做了母亲！

你们知道吗？帕特农神庙是献给贞女雅典娜的，因为帕特农一词即指"贞女"。

AREUH!

然而，有一次，雅典娜为了守卫自己的贞洁之身，曾与赫菲斯托斯对抗：后者企图强暴她！虽然没有得逞，但他的精液却洒在了女神的大腿上，她用自己的羊毛裙子擦拭，精液洒到土地上，一个半人半蛇的妖童从土里冒了出来。雅典娜收留了他，并为他取名厄里克托尼俄斯（取"羊毛"和"土地"的合意），雅典娜秘密地抚养他长大，直到他成为雅典城的君王。

这里就是雅典。

19

阿芙洛狄忒

爱神和丰产之神

阿芙洛狄忒是位很能激起人爱欲的女神，她从海水的泡沫中诞生，一丝不挂地出现在奥林匹斯山诸神面前，充满了诱惑力。她的美貌为她赢得了专属于"最美女神"的金苹果，阿芙洛狄忒引发过不少战争，却也让战神因她而缴械……

波提切利的维纳斯就在佛罗伦萨!

一丝不挂，全身肌肤呈古铜色。

维纳斯的诞生，1484 年，波提切利，乌菲兹美术馆，佛罗伦萨。

一摊非常咸的泡沫

关于阿芙洛狄忒的诞生有一段动人的故事。天空之神乌拉诺斯躺在大地之神盖亚的身上，把他的孩子们囚禁在他们母亲，也就是盖亚的肚子里。盖亚有一天受够了，就给了自己其中一个儿子一柄镰刀，让他去砍下他父亲的阳具，好让乌拉诺斯离开她。这一招奏效了，乌拉诺斯的精液落进了大海，自此以后，蔚蓝的海水布满白色的泡沫，而这位神祇的精液使得波涛受孕，随后，阿芙洛狄忒（"阿芙"意即"泡沫"）诞生了……

嗨呦!

不贞腰带

珍珠美人阿芙洛狄忒被安放在一个贝壳上，先是被运送到基西拉岛，接着又被带至奥林匹斯山，来到那些为她倾倒的诸神眼前。所有神祇都想将她据为己有，然而，诸神之中面貌最丑陋的赫菲斯托斯当时花心思打造了一条魔法腰带，谁若是戴上它，就会散发出无穷魅力，让人无法抗拒。阿芙洛狄忒绝不甘心这样的腰带被别人拿走，为了拥有它，她嫁给了赫菲斯托斯。就这样，赫菲斯托斯轻而易举便成了阿芙洛狄忒的丈夫，却也从此成了历史上被扣最多次绿帽子的丈夫……

#无聊啊!

美，美，美……美人!

遇见阿芙洛狄忒

美丽的秀发，"金色的河流"！

她还是会觉得有点儿冷的吧！

维纳斯的诞生，1862 年，阿莫里－杜瓦尔，里尔美术馆。

这幅画作是受了诗人阿尔弗雷德·德·缪塞的诗作启发："维纳斯·阿斯塔尔塔女神，苦涩的波浪之女 / 依然贞洁，抖落着母亲的泪水 / 绞拧着发丝，使世界因其丰饶。"

春药

当人们提起爱神阿芙洛狄忒，怎会忘记她的衍生物——各种春药呢？这些东西被冠以女神之名，专门用来唤起人肉体上的快感。但女神应该不会认可由此给犀牛带来的蹂躏与戕害。犀牛角仅因为外形酷似阳具，使亚洲人深信把它们磨成粉末服用，有助于增强自己的性能力……

浮出水面的维纳斯们

在艺术领域，乘着贝壳抵达基西拉岛的阿芙洛狄忒是一个被反复运用的创作主题。比如在波提切利手中，它被赋予了一个专有名词：浮出水面的"维纳斯"，意指（从水中）"冒出来"。而基西拉岛这块以情爱享乐为人所知的土地，在华多的诗作和画作中成了神秘之境，是"华宴"的代名词。魏尔伦甚至在他的《华宴集》中创作了一首同名诗作！

我是你的维纳斯

阿芙洛狄忒的拉丁名"维纳斯"，在法语中几乎成了"美丽"的同义词。只要想一想在电影《维纳斯美容院》里，美容师们选择以此为她们的店铺命名，就足以了解她们有多认可这位女神的市场吸引力！同理，剃毛刀品牌维纳斯的广告也让广大女性相信，用了他们产品的女性，将拥有"和女神们一样"的体验。

偷情者之网

阿芙洛狄忒刚嫁给赫菲斯托斯没多久，就迫不及待地去和丈夫的哥哥，即英俊的战神阿瑞斯偷情了。然而，某个清晨，这对情人被太阳神阿波罗无意中撞见，他把此事告知了那位蒙羞的丈夫。于是，锻造之神决意报复。他编织了一张透明的网放在阿芙洛狄忒的床上，成功地把这对偷情男女一网打尽。随后，他将赤裸纠缠着的两人拖至奥林匹斯山的诸神面前，让他们受尽诸神的嘲笑。阿芙洛狄忒和阿瑞斯在受尽凌辱折磨之后，彼此分离，且被流放他乡……

金苹果

某天，诸神在奥林匹斯山上共同庆祝一场婚礼。邪恶的纷争女神厄里斯由于没受到邀请，在宴席上扔下一个金苹果，上面写着"送给最美丽的女人"。这下可好，所有女神都觉得自己配得上它，于是宙斯决定让牧羊人帕里斯来裁定谁是最美之人。阿芙洛狄忒立刻向其许诺，只要他选择自己，便可以得到世间最美女人的爱情。帕里斯就这样把金苹果送给了阿芙洛狄忒。天啊！谁知道被帕里斯选中的女人海伦已经有了丈夫，但他将海伦硬抢了过来，并由此引发了特洛伊战争……

罗马名：维纳斯
词源："泡沫"
父亲：乌拉诺斯，天空之神
母亲：大海（哦！）

阿波罗

太阳神，音乐之神，歌唱之神，诗神，男性美之神

随着希腊文化日臻成熟，阿波罗成了人们心中最为钟爱的神祇。大家赋予他的权责越来越多：音乐、歌唱、诗歌、美，甚至还有太阳……还真是身兼数职啊！

光辉之神诞生在光明之岛

阿波罗是宙斯的私生子，诞生于一座小小的浮岛奥提丽，他的母亲勒托为躲开赫拉的嫉妒隐居在此。勒托曾许下承诺，她的儿子未来会在奥提丽岛上建起一座神庙，而这座岛将会取名"德洛斯"，意为"光明之岛"。她的孩子甫一降生，便有一群天鹅从巴克道勒飞来，围着小岛盘旋了七圈，庆贺勒托分娩。为了纪念它们的歌唱，阿波罗为他的里拉琴装上七根琴弦，天鹅也因此成了他的象征：宙斯甚至还赐给他一辆由天鹅驾驶的战车！

（腐烂的）预言之神

阿波罗通晓预言，他曾寻找一座可以宣示神谕的圣地，最终在德尔斐岛上觅得。岛上盘踞着一条可怕的巨蛇，他杀死巨蛇，剥下蛇皮，任其渐渐腐烂。阿波罗自称"皮提安"（意指"使其腐烂"），他的女祭司则被称作"皮提亚"（同义）。德尔斐的皮提亚她的预言久已腐烂坐在巨蟒的皮上解释神谕，身下散发着腐朽的气息：她还真是配得上这个名号呢！

是我吗？
有臭味吗？

光明之神阿波罗与天文学缪斯乌拉尼亚，1800年，梅尼尔，克利夫兰美术馆，俄亥俄州。
阿波罗和乌拉尼亚正在商议。他们的儿子利诺斯诞生了，他被视为旋律的创造者。利诺斯对里拉琴做了简化，使得这种乐器的声音更加动听！

头戴桂冠的太阳神

阿波罗是逐渐被希腊人视作太阳神化身的。他性格阳光、体格健美，因从不带来阴影而为人熟知。作为音乐之神，他在歌唱、诗艺和里拉琴各项竞赛中经常拔得头筹。由于月桂树是他的神圣象征（比如，皮提亚就嚼着月桂树叶），月桂花冠也因此成了比赛获胜者的标志。

谁也不能背叛我！

乌鸦起初是一种光彩夺目、洁白无瑕的鸟类，阿波罗非常喜欢它们。但有一天，一只乌鸦向他揭发了他的情人科洛尼斯对他的背叛。阿波罗盛怒之下，一箭射中了她。临终之际，科洛尼斯告诉他，自己已经怀了他的孩子。虽然阿波罗救下了孩子，但仍心怀懊悔，于是他让这个孩子做了医药之神，并命他照管那些临盆的母亲。随后，他把那只乌鸦变成了黑色，亦如它让自己做出的不祥之事一样。此后，乌鸦就成了"告密者"的代名词！

遇见阿波罗

在梵蒂冈

《贝尔维雷德的阿波罗》闻名遐迩，那轻微扭动的腰肢、精妙前伸的右腿，以及带有柔软褶皱的披风，都尤为著名。据此，我们或许难以想象阿波罗手中所执（如今已被损毁）竟是一把弓箭，因为他彼时正在屠杀尼俄伯的孩子们，这个女人竟敢吹嘘自己生的孩子比他的母亲勒托还要多！

英俊且善良：Kalos Kagathos（希腊语，同义）

希腊人和罗马人赋予了这位美之神同样的名字。依此逻辑，阿波罗一词时至今日仍然代表着一个外形完美、配得上为他做一尊雕像的男人！此外，阿波罗身兼诗神与歌神，这使得他的魅力倍增，明亮深邃。不仅如此，为向阿波罗致敬而举行的皮托竞技会，在某种程度上也与后来的奥林匹克运动会一脉相承。

阿波罗，飞往月球的空间计划

由肯尼迪总统于 1961 年启动的阿波罗计划，原打算叫作阿尔忒弥斯计划，因为该计划是要飞往月球（可不是一直飞到太阳上！）。不管怎么说，这一计划最终成功了，十二名人类在月球上留下了足迹。但是，人们对阿波罗十三号印象格外深刻，这不仅源于太空船的标志上画有太阳神的光明战车，还在于氧气罐爆炸之后，全体宇航员险些没能活着返回地球！

希腊神话小测验
阿波罗手里握着的会是什么东西呢？

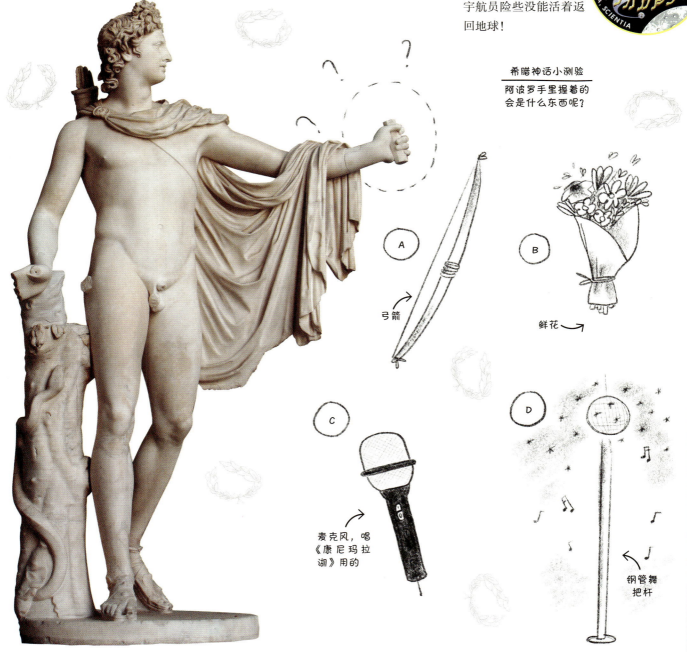

A — 弓箭

B — 鲜花

C — 麦克风，唱《康尼玛拉湖》用的

D — 钢管舞把杆

贝尔维雷德的阿波罗，梵蒂冈博物馆，罗马。
这座雕塑是一件诞生于公元 2 世纪罗马帝国时期的复制品，希腊原作创作于公元前 4 世纪。

答案：我询问了一个叫让－皮埃尔的普通人，他选 D……不好意思，正确答案是 A。

赫尔墨斯

商人、旅行者和盗贼之神

赫尔墨斯富有才华，调皮又机灵（甚至可以说是狡猾）。他为奥林匹斯诸神充当信使，同时他也是旅行者、商人和……盗贼（他自己就是）的保护神。他还发明了各种各样的乐器。在神话故事里，他是出场最多的一位神祇，他的出场通常是为了帮助其他英雄。

墨丘利（赫尔墨斯）与阿耳戈斯，16世纪，保罗·盖蒂博物馆，洛杉矶。
赫尔墨斯吹起长笛，将"百眼巨人"阿耳戈斯催眠，帮助宙斯带走了化身为白色小母牛的伊娥。

罗马名：墨丘利
词源："翻译者"
父亲：宙斯
母亲：迈娅

盗贼之神

赫尔墨斯出生第一晚，还是小宝宝的他就跳出摇篮，跑去偷阿波罗的圣牛（他想出了一个好主意，让母牛们倒着走出牧场，这样它们的足迹就不会被追踪到）！#早慧。这一切被一个牧羊人撞见了，赫尔墨斯于是送给他一头牛，换取了他的沉默。从此，赫尔墨斯对自己在不法之事上的天赋深感狂喜，他向母亲表明心意，认为盗贼是天底下最好的职业，他自己将成为他们的神。#职业性的。随后，他蹑手蹑脚地回到自己的摇篮里，重新睡着了。#自命不凡。

乌龟壳制成的里拉琴

阿波罗对圣牛被偷很愤怒，立即怀疑到了这个小罪人头上。但赫尔墨斯宝宝坚决否认：盗贼和骗子加于一身，这是何等的天赋！讽刺的是，他事先收买的那个牧羊人揭发了他。不过赫尔墨斯又使出了漂亮的手段，他把自己刚用乌龟壳制成的里拉琴送给了音乐之神……这一招真是管用，阿波罗开心极了，偷牛一事也就此作罢。因此，赫尔墨斯又成了商人之神，尽管他的行为跟盗贼之神也没什么两样！

喂?!

我冷！

词语中处处有他

赫尔墨斯在拉丁文中被称作墨丘利，源自 Merx 一词，意指"商品"（转会市场或交易买卖的出处）。他实际上是商业之神，因在传递信息或转移财产方面机敏又迅捷。也因为这种机灵劲儿，人们用他的名字命名了水银，这种金属也被称作"灵敏的白银"（Quicksilver）。最后，人们为了补全他在科学领域的建树，还用它的名字命名了一颗行星，而法语"星期三"（Mercredi）一词也由此而来……可真是个小幸运鬼。

魔法世界处处有他

人们觉得赫尔墨斯和古埃及神祇托特相似（比如托特帮助伊希斯让欧西里斯死后复活）。在古埃及及最后的法老王朝中，赫尔墨斯和托特合二为一，成为"赫尔墨斯·特里斯墨吉斯忒斯"，意为"三重伟大的赫尔墨斯"。这位神秘人物据说曾写过一本著名的魔法哲学书《赫尔墨斯秘籍》。法文中的形容词"晦涩的"（hermétique）便由此演变而来，意为"秘传的"（圈外人难以理解和阐释的），最终指向某种以"密封方式闭合着的"意思！

广告里处处有他

不知道是不是因为赫尔墨斯一出生就偷了阿波罗圣牛，一家非常著名的用牛皮制作高档皮具的品牌就以他的名字作为品牌名。反正赫尔墨斯在市场销售方面收获颇丰：因为他传奇般的快捷速度和身为信使的形象，国际花商联（Interflora）甚至采用了他的形象做标志，还因为他是旅行之神，一家酒店就以他的名字命名！

三对翅膀

热情的阿波罗曾把他珍贵的金神杖送给这位盗贼宝宝，这是一根可以占卜未来的权杖。赫尔墨斯在上面装了两条面对面的蛇，是他把它们俩从一场争吵中分隔开来。自此，这柄神杖就成了商业买卖和雄辩之术的象征。它甚至出现在国民议会的讲台之上（别把它和阿斯克勒庇俄斯的神杖搞混了，那一根上没有翅膀，且只有一条蛇，是医学的象征）！赫尔墨斯还戴着一顶佩塔索斯帽，就是希腊旅行者常戴的那种圆顶大檐的帽子，顶端装有一对翅膀，就如绑在他鞋子上的那对一样。

是你的错。　不，是你的错。

您有一条 H- 消息

赫尔墨斯凭借自己的机灵劲儿，做了诸神的信使。由于有一双十分好用的鞋子，他奔跑速度飞快，但实际上，他的思维和双腿一样快。比如，当阿芙洛狄忒和阿瑞斯被当场捉奸陷进网中时，赫尔墨斯马上向女神表明心迹，说自己宁肯承受三倍于此的痛苦也愿意得到她的青睐。好狡猾啊！阿芙洛狄忒当时正需要安慰，便应允了他。他们随后拥有了一个属于他们的孩子：赫尔玛芙洛狄忒（赫尔墨斯＋阿芙洛狄忒），一个雌雄同体的孩子！

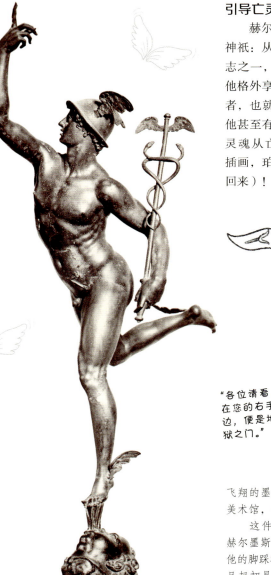

引导亡灵走向阴间的赫尔墨斯

赫尔墨斯是一个似乎什么都能司掌的神祇：从医药到盗贼，甚至包括娼妓！标志之一，即在那些丧失亲人的家庭心中，他格外享有盛名：因为他是一个灵魂导航者，也就是说他负责引导亡灵走向地狱。他甚至有一次在宙斯的帮助下把一个人的灵魂从亡者国度里带出来（详见 P46 的插画，珀耳塞福涅被赫尔墨斯从地狱里救回来）！

古代导游

"各位请看，在您的右手边，便是地狱之门。"

飞翔的墨丘利，16 世纪，博洛尼亚，巴杰罗美术馆，佛罗伦萨。

这件优雅至极的雕塑挑战了失重法则：赫尔墨斯给人一种飞翔的感觉！从逻辑上讲：他的脚踩在风神艾奥的头上……此外，这件作品起初是一座喷泉，当水从艾奥的嘴里喷出来时，更加给人一种轻盈飞升之感！

阿尔忒弥斯

狩猎女神和野生动物之神

狩猎女神阿尔忒弥斯美丽却不可征服，可怕而又凶残。她不信任任何男人，只渴望生活在森林中，与野兽和她的侍女为伴。

阿尔忒弥斯和母鹿，作于公元2世纪，是公元前4世纪古希腊原作的复制品，卢浮宫，巴黎。

阿尔忒弥斯穿着一件长度在膝盖以上的裙子，甚至还扎了一根腰带！要知道，这样的装扮对于一个希腊女人来说可算是非常不知羞耻的。可贞洁的阿尔忒弥斯对此却有一个冠冕堂皇的理由：这身打扮可以让她跑得更快。

罗马名：狄安娜
词源："正直的"
绰号：猛兽夫人
父亲：宙斯
母亲：勒托，提坦女神

我是你的妈妈！

助产女神

阿尔忒弥斯的母亲是提坦女神勒托，父亲则是宙斯。勒托怀孕时曾被赫拉追杀。后来她躲在荒芜的德洛斯岛上，经受了九天九夜难以忍受的痛苦之后，才成功分娩。#天呐。小宝贝阿尔忒弥斯是先出生的，她刚一落地就帮助母亲诞下了双胞胎弟弟阿波罗，从那一天起，她就十分喜爱弟弟。但是，由于母亲在分娩时承受的巨大痛苦给她留下了心理阴影，她请求宙斯允许她永保处女之身。她对贞操的守护简直到了病态的地步（"生孩子，跟我没关系"）！

加油啊，妈妈，使劲儿！

伊菲革涅亚的献身

阿尔忒弥斯傲慢又无情。有一次，迈锡尼国王阿伽门农完成了一场漂亮的狩猎，自我吹嘘道，"阿尔忒弥斯恐怕也没本事杀死这么美丽的雄鹿吧"。很不幸，这话被女神听到了。为了惩罚他，女神设法阻止了希腊所有舰队奔赴特洛伊战场。阿伽门农这下子知道了大放厥词的代价，他必须牺牲女儿伊菲革涅亚，否则远征之事将以失败告终。心如死灰的他把女儿放在柴堆上准备焚烧，但最后，阿尔忒弥斯用一头母鹿替换下了伊菲革涅亚，并把她留在身边做了侍女。天啊！

公元前500年。古希腊埃菲索斯市。

小熊和大熊

有一天，宙斯爱上了阿尔忒弥斯最中意的侍女卡里斯托。他化作自己女儿的样子，只为了……强暴她。然而，当女神意识到她的女仆怀孕时（不再是处女），残忍地将她变成了一头母熊。#不公平。后来，卡里斯托的儿子阿卡斯遇见了母熊，由于不知道眼前就是自己的妈妈，他打算把它杀死。此景被宙斯看到了，他出于怜悯把二人升上了天空。由此，天空中便有了大熊座和小熊座。

#坏蛋

狄安娜，月亮女神

在罗马人那里，阿尔忒弥斯被叫作狄安娜，而且前额常常戴着一个小月牙形状的头冠。这一特征在希腊文化中很少出现，比如诞生于公元前4世纪、收藏于梵蒂冈博物馆中的雕塑《阿尔忒弥斯和猎狗》，再比如著名的阿内城堡（狄安娜·德·普瓦捷的城堡）中的狄安娜雕像，这座城堡值得一去！

"像女猎人狄安娜一样"

在艺术史中，"女猎人狄安娜"是一种众所周知的艺术类型，这种范式是以16世纪法王亨利二世的首席情妇狄安娜·德·普瓦捷为原型创造而来的。这位非常善于狩猎的情妇竭尽所能向贞洁女神看齐——除了她那些模仿女神的全裸画像和无比贞洁的阿尔忒弥斯实在不像之外！

狄安娜大奖

170多年来，在尚蒂利举行的狄安娜大奖赛一直是法国最著名的马术比赛之一，在比赛中，女性观众惯于用头顶的礼帽争奇斗艳。当然，这种习俗的形成并非偶然，要知道狄安娜本就是女骑士的守护神，而这项赛事也会奖励跑得最快的母马（可不是公马哦！）。对于女神中跑得最快的狄安娜来说，这实在是小事一桩！

女猎人狄安娜，16世纪中期，卢浮宫，巴黎。

在这幅作品中，来客串的狄安娜·德·普瓦捷向我们展示了她的熟女体态。她是亨利二世最重要的情妇，比他大二十岁。

冷酷贞女

阿尔忒弥斯迷恋自己的贞洁之身，甚至因此变得冷酷无情。比如，她曾让可怜的迷路猎人阿克忒翁承受了无比残忍的惩罚，只因她在一条小溪中裸身戏水时被他撞见——人家又不是有意的！阿尔忒弥斯当时怒不可遏，就向阿克忒翁身上弹了几滴小水珠，立即把他变成了一头雄鹿。惊慌失措的阿克忒翁一边逃跑一边发出鹿鸣，可他的猎犬很快追上他，活活把他吃掉了！

酒足饭饱，万事皆空啊！

阿克忒翁之死，1559—1575年，提香，国家美术馆，伦敦。

这幅作品或许展现的是人类面对神祇时的残酷处境，但与此同时，在这层意义之上，也向我们揭示了女性对于男性来说充满了万能的吸引力。

赫菲斯托斯

火神，石砌之神，锻造之神，工匠之神，艺术家之神

赫菲斯托斯长得奇丑，为人却十分热情。一方面丑得让人嫌弃，另一方面又聪慧灵巧，让人喜爱。他大概是奥林匹斯山上最有用的一位神祇了，即便他的外形曾给他带来诸多烦恼……

古代的加西莫多

赫菲斯托斯的母亲，也就是邪恶的赫拉，决定报复她不忠的丈夫宙斯，她要证明自己不需要他也能生出孩子来，于是"独自繁育了一个宝宝"。可是……恐怖而又不幸的是，她的新生儿看上去奇丑无比！他实在是太难看了，就连赫拉都羞于利用这个侏儒去嘲弄宙斯。为了摆脱这个孩子，她偷偷地把他从奥林匹斯山顶上扔了下去，她真不配做母亲。从山顶坠落的过程持续了整整一天，本就是畸形儿的赫菲斯托斯，样子更加难看了。可怜的小羊羔啊！

权力的游戏

坠落中的赫菲斯托斯宝宝最后落到了一群善良的仙女中间，她们偷偷把他抚养长大。仙女们教他如何打造首饰，他很快就展露出过人的天赋。某天，他忽然萌生了一个念头，要为他的母亲制作一把华丽的金王座，以此为自己复仇。等到赫拉满心欢喜地坐到上面，却发现……王座被设置了机关，她再也站不起来了！赫菲斯托斯断然拒绝解救他的生母，酒神狄俄尼索斯只好将他灌醉，迫使他作出了让步。从此以后，上了一次当的赫拉开始更多地关心起这个被她抛弃的小儿子了！

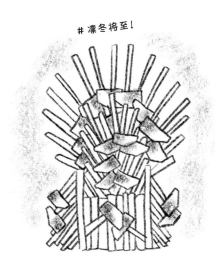

＃凛冬将至！

西西里岛

埃特纳山峰

差一点就和她一样出名了！

1904 年，美国亚拉巴马州的城市伯明翰竖起了一座当时世界上最高的锻铁雕塑（高 17 米），把赫菲斯托斯作为城市的标志，以向当地的钢铁冶炼工业致敬，它促成了这座城市的诞生，也繁荣了整个地区。后来，围绕着赫菲斯托斯的雕像，又建起了一座公园和一座博物馆！

伏尔甘的火山学家

"爱情是盲目的"……的确如此，但此言也有局限性。赫菲斯托斯诙谐热情，勤奋且有天赋，即便如此，他的爱情也是徒劳一场，因为他的追求太不切实际了，他竟然相信最美的女神会爱上他这个最丑的神祇（还是个瘸腿的）。他用魔法腰带引诱了阿芙洛狄忒之后，娶到了这位卓越的女神……但后者却在婚后不断地背叛他。为了自我安慰，赫菲斯托斯把他的锻造场安置在了埃特纳山的山体内部，把自己封闭起来，好全心工作。法文"火山"一词便源于赫菲斯托斯的罗马名字——伏尔甘。

可以主宰火，却主宰不了女人

赫菲斯托斯是一位不知疲惫的劳动者，奥林匹斯山上所有美丽的东西都是他的作品，包括丘比特的箭——可他自己却得不到爱，多么讽刺啊！通过他的母亲和妻子，他已经见识到了最丑陋的女人的灵魂，所以当宙斯命他创造第一个人类女性潘多拉时，他的脑海中冒出了很多想法。赫菲斯托斯不仅成功了，而且做过了头，因为正是潘多拉把所有痛苦与罪恶带向了人间……

tinder

＃无法配对

罗马名：伏尔甘

词源："燃烧者"

绰号：跛子

母亲：赫拉（单体生育）

妻子：阿芙洛狄忒

赫菲斯托斯，宙斯雷霆铸造者

除了赫菲斯托斯之外，还有谁能锻造出宙斯的雷霆呢？普拉多美术馆馆藏的一幅鲁本斯的作品就表现了这一主题：赫菲斯托斯头戴一顶红色工匠帽（皮洛什帽），正在打造一个精致优美的闪电，动作明显猛烈而粗暴。赫菲斯托斯身上的矛盾之处全在于此：关注表面的人只能看到一个粗人，唯有细心审视的人才能理解其中蕴藏着的意义……

一记斧击

在雅典，赫菲斯托斯与雅典娜共享一座美丽的神庙：赫菲斯托斯神庙。一般来说，雅典娜的出生更像是赫菲斯托斯帮助的结果。的确，多亏了他的铜斧把宙斯头痛欲裂的脑壳劈开，身着华服、全副武装的雅典娜才能从里面蹦出来，而宙斯也才能从偏头痛的痛苦中解脱。因此在画作里，赫菲斯托斯经常出现在表现雅典娜出生的场景中。

伏尔甘为朱庇特铸造雷霆，1636—1637 年，鲁本斯，普拉多美术馆，马德里。

星际迷航

《星际迷航》的主角之一斯波克是瓦肯（Vulcan，在英语中与赫菲斯托斯的罗马名伏尔甘为同一单词）星人。他来自一个满是荒漠的星球，这个星球被灼沙风暴和雷霆闪电侵袭过。雷？火？这回我们更容易理解这个星球为什么叫"瓦肯"了吧！

左一，斯波克，瓦肯人，是《星际迷航》的主角之一。

阿喀琉斯的武器

当赫菲斯托斯从奥林匹斯山顶被抛下时，是海洋仙女忒提斯收留他并抚养他长大，所以当忒提斯需要他的帮助时，他自然没有拒绝。忒提斯为保护自己的儿子阿喀琉斯在特洛伊战争中的安全，请求赫菲斯托斯为他打造一副盔甲。赫菲斯托斯誓要比以往做得都要好，于是打造出了一副世人从未见过的精美绝伦的盔甲，尤其是那面盾牌，完美地雕刻着整个世界。#赫菲斯托斯艺术家。

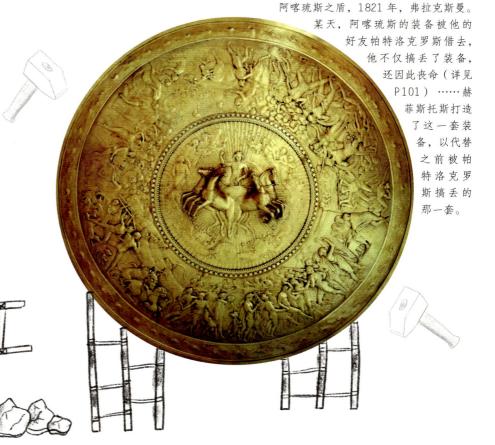

阿喀琉斯之盾，1821 年，弗拉克斯曼。某天，阿喀琉斯的装备被他的好友帕特洛克罗斯借去，他不仅搞丢了装备，还因此丧命（详见 P101）……赫菲斯托斯打造了这一套装备，以代替之前被帕特洛克罗斯搞丢的那一套。

嘿呦，嘿呦，收工啦！

阿瑞斯

战争之神、暴力之神和毁灭之神

战争之神阿瑞斯相当为人所憎——他也确实非常可恨。最让他为之狂热的就是激烈的战斗、劫掠和鲜血，他的名字也是"残酷之死"和"瘟疫"的近义词。前途光明者。

我是不被爱的那一个

所有人都鄙弃阿瑞斯，甚至他的父母宙斯与赫拉也厌恶他。他是二人唯一合乎伦理的儿子，可依然没有交到好运。他若不是个既卑劣又胆怯的人，他的身份至少会使他得到些怜悯。唯一爱他的只有阿芙洛狄忒，但她也只是贪恋他俊美的容颜、他的肌肉，以及他那身耀眼的盔甲……阿瑞斯与阿芙洛狄忒生了两个孩子，德莫斯（"恐慌"）和福波斯（"恐惧"），这两个同样遭人讨厌的孩子陪他们的父亲一起走上了战场。

非正义者，却是正义的象征

让人颇感吃惊的是，雅典城的刑事法庭阿勒奥珀格斯竟以阿瑞斯的名字命名。事实上，阿瑞斯杀死了一名强暴他女儿的罪犯后，众神在卫城，即凶杀现场对面的山丘上组织了历史上第一场审判，并宣告阿瑞斯无罪（通过类似投票的方式），自此以后，雅典人民就在这座山丘上审判所有的杀人犯（阿勒奥帕格斯即阿瑞斯的山丘）。今日，这一词依然指代当权者的集会和希腊最高司法仲裁机关！

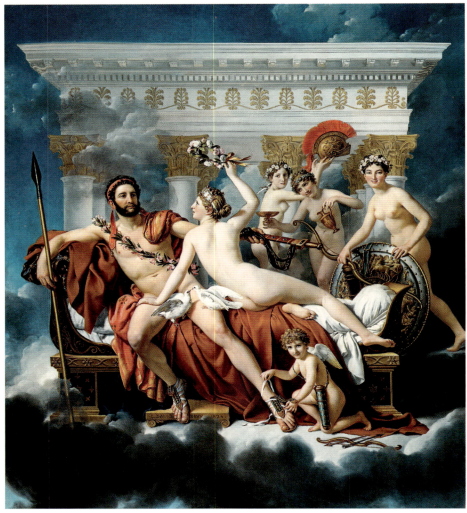

被维纳斯解除武装的马尔斯（阿瑞斯），1824年，雅克－路易·大卫，比利时皇家美术馆，布鲁塞尔。

一向招人讨厌的阿瑞斯摆出一副倨傲的姿态，接受维纳斯（阿芙洛狄忒）和三美神的爱意，并让她们为自己解除武装。此时，小调皮鬼丘比特正为他解开鞋带。（大卫花了三年时间才完成这幅作品，亦是他最后的作品！）# 要做爱不要战争。

复仇之神

阿瑞斯既不理解正义也不知晓法律（或许他仅知道战争的正义），但也许正因如此，他倒成了誓言之神！的确，哪个违背誓言的人不会万分畏惧这位复仇之神、毁灭之神、劫掠之神呢？雅典城里的那些小伙子，一定是出于这样的缘由，在即将成人之际，才以他之名发誓热爱和守卫自己的家乡。

被活捉在阿芙洛狄忒的网中

唯一爱慕阿瑞斯的只有爱神阿芙洛狄忒。她甫一嫁给赫菲斯托斯，就马上背叛了他，开始与远比他英俊的阿瑞斯偷情。但某天清早，这对情人被太阳神阿波罗撞见了，他将此事告知了她那位怒火中烧的丈夫。锻造之神决定复仇，他织就了一张透明的网，放在阿芙洛狄忒的床上，把这对偷情者一网打尽，然后将赤裸纠缠在一起的二人拖至奥林匹斯山诸神面前，任众神嘲笑他们。受尽凌辱之后，阿芙洛狄忒和阿瑞斯分道扬镳，各自流亡……

罗马名：马尔斯
词源："杀人者"
绰号：害人精
父亲：宙斯
母亲：赫拉

马尔斯，1638 年，委拉斯贵兹，普拉多美术馆，马德里。

为了显得滑稽一些，委拉斯贵兹故意创作了一幅沉思中的马尔斯，好像马尔斯在思考本身就是件很荒诞的事。#蔑视。有一种假设认为他想起了赫菲斯托斯让他承受的种种屈辱。

阿瑞斯头像，公元前 420 年。

阿瑞斯通常被表现为一个年轻的神祇，甚至是没有胡须的，毕竟战争是属于年轻人的活动。在"神圣的春季"，是他带领着年轻人离开故园去建立新的城邦。

遇见阿瑞斯

马尔斯校场。

在马尔斯校场

路易十五统治期间曾在巴黎的马尔斯校场成立军事院校，并利用学校前面的空地训练士兵。而罗马人早就通过用马尔斯的名字命名练兵场来向这位战神致敬，法国人效仿了这种做法，也是合乎情理之事。被命名为马尔斯校场的那片空地，像极了古代的都城。

远比阿瑞斯吃得开

希腊人厌恶阿瑞斯，但罗马人却非常喜欢与其对等的这位拉丁神祇——马尔斯，因为他是永恒之城罗马的两位奠基人罗慕路斯与雷穆斯的父亲。他们不仅把马尔斯之名作为星期二（Mardi）的叫法，同时三月份（Mars）的叫法也由他而来，三月份被视作一年中的第一个月份（因为新的一年始于战争季）。#三月到，再出发！这下子你们更应该明白为什么说九月从词源上来讲是一年中的第七个月了吧（可不是第九个）！

火星人玩转地球！

一颗鲜红似血的行星，如果不选择以那位嗜血的神祇命名，还能有谁更合适呢？因为"卫星"一词也有"保镖"的意思，天文学家们甚至更进一步，把火星的两颗卫星用阿瑞斯两个可怕儿子的名字命名，"福波斯"和"德莫斯"，他们曾陪阿瑞斯共赴战场，无从反驳。

在太阳系中，火星是一颗血红色的行星。

福波斯

德莫斯

哈得斯

冥府之主、死亡之神，但同时也是丰产之神

作为宙斯的哥哥，哈得斯是冥府之神。他在自己那只有名的三头看门犬刻耳柏洛斯的帮助下，负责看守那些渡过了冥河的亡灵。

看不见的权力

哈得斯曾被其可怕的父亲克罗诺斯吞进肚子里，他的弟弟宙斯设法让父亲喝下催吐药，才使他被吐出来。愤怒的克罗诺斯为了与他的孩子们对抗，将其可怕的提坦巨人兄弟放了出来。但在另一阵营，哈得斯兄弟解救出几位独眼巨人，后者出于感激，送给了哈得斯一份绝妙好礼：一顶头盔。这顶用狗皮做成的头盔，戴上便可隐身……这便是哈得斯的绰号"隐形人"的由来……这可比哈利·波特的斗篷厉害多了！

帽子倒是蛮有用的，可这样式不大好接受啊！

绑架珀尔塞福涅的人

在战胜提坦巨人后，哈得斯分到了对幽冥地府的掌控权。他从不离开地下世界，因此几乎没有什么结婚的可能。唯有一次，他离开地府，是为了绑架他那年轻貌美的侄女珀尔塞福涅，她当时正在西西里岛上悠闲地采摘水仙花。但后来，珀尔塞福涅那同时是农业女神和收获女神的母亲得墨忒耳找到宙斯，要求哈得斯归还自己的女儿，否则她就阻止世间所有的种子发芽……

哈得斯绑架珀耳塞福涅，19世纪，装饰艺术图书馆，巴黎。
"他把我带至黑夜尽头，午夜之魔。"

因为六粒小小的石榴种子

珀耳塞福涅被绑架后，世间充满了灾难，漫长的冬季使人们陷入饥荒中＃做好准备，凛冬将至。宙斯不得不作出让步，命令哈得斯送回珀耳塞福涅。可是，恶毒的哈得斯已让少女吃下了六粒石榴种子。无论是谁，只要吃了冥界的食物，就再也无法从冥府离开。最后，宙斯为此事作了了断：珀耳塞福涅每年有六个月可以待在地上，但另外六个月则必须回到冥府和哈得斯一起生活。此后，她的母亲在每年孤单一人的六个月里，便让冬季回到人间……

你知道他是谁

由于惧怕这位毫无怜悯之心的神祇，希腊人民永远不愿直呼他的名字哈得斯，而更愿意叫他"富有者"（音近"普鲁托"，希腊语"Ploutôn"，后来演变成拉丁语"Pluton"），并供奉给他丰厚的财宝。会不会是因为大家想通过这一褒义的绰号来讨好他呢？抑或是大家已经懂得了正是因为有了冬天的存在，春天才可能到来的道理？哈得斯的双齿叉是他的身份标志（与他的兄弟波塞冬的三叉戟不同），也很可能是撒旦魔鬼之叉的起源。

别吃我们。
签名：平民

冥府，1622年，弗朗索瓦·德诺姆，美术与考古博物馆，贝桑松。

珀尔塞福涅和哈得斯在画面左侧，注视着他们的地下王国。冥河横在中间，使人间和亡灵国度分隔开来。我们甚至能看到摆渡人卡戎正在过河。

遇见哈得斯

最阴森凄凉的行星

太阳系中温度最低的行星是在1930年被发现的，把它命名为冥王星（哈得斯的罗马名），倒是很明智，这与冥府幽冷的特点非常吻合。更为明智的是，围绕冥王星的两颗卫星被命名为"刻耳柏洛斯"（他的看门犬）和"卡戎"（亡灵摆渡人）。

冥王星，这颗行星已不再是一颗行星了。

柏树，没那么近

你是否已经注意到墓园里唯一被允许种植的树就是柏树？嗯，是的，柏树是唯一根部严格纵向生长的树，因此不会有打扰到亡灵的风险。希腊人懂得这个道理，所以视柏树为神树，当人们为它奉上祭品时（只 在午夜送上黑色动物），司仪们 会戴上柏树皇冠。#符合逻辑。

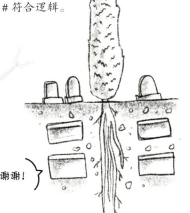

如果你真的想找到哈得斯的话，请翻到P47，那里有冥府地图。

罗马名：普鲁托
词源："富有者"
绰号：隐形人
父亲：克罗诺斯，提坦巨人
母亲：瑞亚，提坦女神

隐形的神庙（和他一样）

在迪士尼出品的动画电影《大力士》中，哈得斯是个面目可憎的家伙（尖牙，头发是一团蓝色火焰……）。他总是怀揣着卑鄙的念头，企图将宙斯取而代之！总之，这是一个邪恶的神祇，几乎完美对应了魔鬼撒旦的形象。电影对这位神祇的刻画显然不同于他在希腊人心中的样子，虽然希腊人对他也没什么好感，要知道几乎没有任何一处圣地或圣歌是为他而创作的。

狄俄尼索斯

葡萄酒之神、酒神和丰产之神

沉迷享乐与纵欲的酒神狄俄尼索斯，同时也是喜剧与悲剧之神，希腊人创作的众多诗歌和戏剧演出都是向他祝圣的，不过也有一些与其相关的秘密宗教团体和崇拜仪式，因为形式过于放荡，最终被元老院禁止了……

放飞自我的小派对

两个仙女、阿穆尔和狄俄尼索斯，1660年，恺撒·波提乌斯·范·埃弗迪根，历代大师画廊，德累斯顿。

罗马名：巴克斯
词源："尼撒神"
父亲：宙斯
母亲：塞墨勒
妻子：阿里阿德涅

燃烧的母亲

塞墨勒是个普通的凡间女子，却得到了宙斯疯狂的爱恋，她后来还怀上了宙斯的孩子——这当然引起了赫拉的强烈嫉妒。美丽的塞墨勒被诡计多端的赫拉诱导，她让宙斯"以冥河起誓"会达成自己的一个心愿……结果这个心愿竟是让宙斯以光耀的真神面目出现。恐怖啊！宙斯不得不遵守诺言，在塞墨勒面前现出万丈光芒，结果她的身体瞬间着了火。但宙斯还是成功救出了他们的孩子，并将其秘密藏在了自己的大腿上……

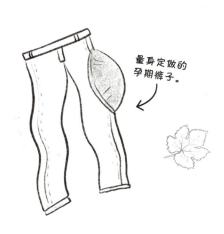

量身定做的孕期裤子。

从朱庇特的大腿上出生

在母亲惨死后几个月，小狄俄尼索斯从宙斯的大腿上出生了。而宙斯亲自将他孕育出来（这一过程）赋予了狄俄尼索斯完全与众不同的神祇形象，尽管他只是一个半神。俗语"从朱庇特腿上生出来"即来源于此（意指出身高贵，十分傲慢）！然而，狄俄尼索斯却未像其他神祇一样在奥林匹斯山上拥有一席之地：他漂泊四方，头戴葡萄枝编织的花冠，倚在他的酒神杖上，穿过森林和原野，身后还跟着吵吵闹闹的随从。

红色酒神节，酒红色亦是血红色

有关狄俄尼索斯的祭祀仪式非常野蛮。他的女祭司都是历史上真实存在过的人物，她们互称迈纳得斯（或称拉丁语"巴康特"），意指"着了魔的女人"，这是因为她们总是一副被鬼魂附身的样子。在希腊神话里，她们经常和森林之神（生着羊角及羊蹄的半人半兽神）一起在树林中举办狂欢节，并且会徒手杀掉一些野生动物。然后，她们用鲜血和葡萄弄脏彼此的脸颊，扯下生肉直接吞食。最后，也是非常吓人的，她们会把猎物的皮穿到自己身上……恶心！

来打你啦！

对彭透斯无怜悯之心

狄俄尼索斯的祭祀仪式可怕又可恶，于是底比斯的国王彭透斯想把狄俄尼索斯和他的信徒们都囚禁起来，却不小心抓到了这位神祇。为了报仇，狄俄尼索斯使国王的母亲和姐妹们被鬼魂附体，然后将她们完全灌醉，让她们相信彭透斯是一头野兽，于是她们徒手把彭透斯撕成碎片，并吃掉了他的肉体……哎呀。我们由此可见酒和神祇身上各自带有的双面性：快乐倒是快乐，可一旦过度的话，好可怕！

妈妈，你知道吗，如果我一事无成，那都要怪到狄俄尼索斯的头上！

BAC 0/20

酒神巴克斯，1598 年，卡拉瓦乔，乌菲兹美术馆，佛罗伦萨。

画家借酒神之名让他的模特，也是他的情人，摆出了一个性感的姿势！

#这姿势摆得多自然

雕刻着狄俄尼索斯的酒杯，1 世纪，保罗·盖蒂博物馆，洛杉矶。

法国中学毕业会考

法国中学毕业会考源自巴克斯（Bacchus，狄俄尼索斯的罗马名）！事实上，尚未成为骑士的年轻贵族们都拥有几英亩用于种植葡萄的土地。这些人在中世纪的法语中被称为 Bacheler，意为"向往成为骑士的年轻人"。后来这个词语就指代所有尚未结婚的年轻贵族（英文中的 Bachelor 即源于此），也常指法国的大学生。弗朗索瓦一世后来创立了名为 Baccalauréat 的骑士等级制度，专门奖励那些在文学和科学上表现出众的人。到了 1808 年，拿破仑又将该词用于表示"中学毕业会考"。（另一种解释认为该词源自达芙妮，详见 P67。）

我用星星为你加冕

狄俄尼索斯到处闲逛和旅行，某一天在纳克索斯岛遇见了阿里阿德涅。她当时被卑鄙的忒修斯抛弃，即便她之前还救过他。狄俄尼索斯瞬间被她的美貌吸引，他安慰了她并在克里特岛娶她为妻——这个主题此后经常出现在艺术史里。狄俄尼索斯把他的花冠扔向天空向阿里阿德涅致意，花冠后来成了北冕座。好浪漫啊！

啊，忒拉各斯！啊，悲剧！

在雅典盛大的酒神节期间，会上演一些戏剧向酒神致敬。这与"悲剧"一词的起源也相关。在希腊语中，Tragos（忒拉各斯）意指"山羊"，而悲剧（Tragedies）指的是"山羊的颂歌"。因为狄俄尼索斯那些着了魔的女祭司，身上就是披着山羊皮的（或者另一种野生动物的皮）。

我的老兄弟惊慌失措

狄俄尼索斯最喜欢的两个伙伴是希勒涅和潘。希勒涅是一个年长、淫荡又大腹便便的森林之神（有耳朵，有上肢，还有一条公山羊尾巴），他收留并养大了狄俄尼索斯。而潘则是歇斯底里人群和牧羊人的神，他滑稽可笑，极受大家欢迎，还整日追逐仙女，对其献殷勤。她们都被潘吓坏了，那种"充满恐慌"（panique）的怕即来源于"潘"（Pan）。

得墨忒耳

农耕与收获之神，穷人和劳动者之神

得墨忒耳（拉丁语称作刻瑞斯）是一位美丽的女神，金发"似麦浪"。这并非偶然，正是因为刻瑞斯的存在才让谷物得以生长！世人非常感激她带来农业的丰收，可她唯一的女儿珀尔塞福涅，却给她带来了不少麻烦……

刻瑞斯，16世纪，巴蒂斯塔·多西，国家古代艺术美术馆，即巴尔贝利尼宫和科尔西尼宫，罗马。

克基拉岛疯狂之爱

当宙斯化作一头公牛，强暴了得墨忒耳之时，她不情愿也不得已地成了珀尔塞福涅的母亲。但在此之前，得墨忒耳的感情取向更偏向于女性。她曾深爱过克基拉岛上的美丽仙女玛珂瑞斯，出于对她的爱，

爱在空中飘荡

得墨忒耳教会了岛上的提坦人种植和收割的技艺；此后，所有人类都因此受益。我们要感谢谁呢？玛珂瑞斯，感谢你！

珀尔塞福涅被劫持

有一天，得墨忒耳年轻漂亮的女儿珀尔塞福涅正在西西里岛的一片草原上采摘水仙花，大地忽然开裂，冥府之王哈得斯驾着一辆马车冲了出来，黑马漆黑如夜。哈得斯把珀尔塞福涅劫持到了阴间，誓要娶她为妻。绝望至极的得墨忒耳在整片大地上搜寻了九天九夜。她宛如发疯一般，两手各持一把火炬，向所有遇见的人询问是否见过她的女儿……

埃莱夫西斯的秘密

得墨忒耳一直固执地寻找女儿，如今她已经像一个衰老的乞丐了。某一天，她走进埃莱夫西斯城邦，请求当地人让她留宿。国王盛情款待了她，作为回报，她送了麦子给国王，并向他的几个儿子传授了农耕的秘方。此后，埃莱夫西斯人每年都会为纪念这些"秘方"举办一场持续九天九夜的庆典（得墨忒耳为寻找珀尔塞福涅所花的时间）。因为猪被视作女神的圣兽，人们就把猪作为祭品，进奉给她。

好可爱

四季两季女神

得知哈得斯劫持了自己的女儿，得墨忒耳生无可恋，所有的植物随之凋零，世人陷入寒冬与饥荒中。目睹这样的灾难后，宙斯不得不作出让步，他命令哈得斯将珀尔塞福涅送回来。可是，恶毒的哈得斯已让这个年轻的女孩吃下六粒小小的石榴种子。无论是谁，只要吃了冥界的食物，就再也无法离开。最后，宙斯为此事做了了断：这位年轻的女孩每年可以有六个月待在地上，但另外六个月，则必须回到地府和哈得斯一起生活。自此以后，她的母亲在每年那孤单一人的六个月里，便让冬季回到人间……

希腊钱币，公元前500年。

刻瑞斯面条广告。

遇见得墨忒耳

阿里斯多芬的《特士摩》

所有可食或几乎可食之物皆由女神得墨忒耳司掌，由于面包是古希腊人的主要食物，所以在雅典负责做饭的妇女们（这一点至今未有大变化）非常敬重这位女神。这种尊崇根深蒂固，以至于谁要是泄露了制作面包的秘方就会被处以死刑！阿里斯多芬由于不晓得秘方所在，便写了一出喜剧来嘲讽此事。#嫉妒。

嘘！退票！

生物动态学领域的标志

以女神之名命名的德米特（Demeter）作为一个关于农业生物动态标准认证的国际品牌，倚仗的是其遍布全世界53个国家的检测机构。作为有机认证领域的最高标准，它还带有某种形式的德鲁伊教色彩，与自然界之间保持着某种神秘联系并遵守一些近乎宗教性质的规范……谁说对得墨忒耳（Demeter）的崇拜已经消亡了？

"谷物"女神

得墨忒耳是一位非常重要的女神，因为古希腊的经济就以众所周知的地中海三宝——橄榄、葡萄树、谷物（大麦和小麦）为基础。因为她确保了城邦的繁荣昌盛，所以格外受到大家的尊崇。时至今日，她的影响仍未消除。因为法语中的"谷物"一词，便来自女神的拉丁名字"刻瑞斯"！早餐时你一定会想起她的。

"亲爱的，说你呢！早安啊！"

Véritable Extrait de Viande LIEBIG.
CORTÈGES. — Fête en l'honneur de Cérès dans l'antiquité.

游行队伍——古代向刻瑞斯致敬的节庆活动。

罗马名：刻瑞斯
词源："大地母亲"
父亲：克罗诺斯，提坦巨人
母亲：瑞亚，提坦女神
女儿：珀尔塞福涅

赫斯提亚

圣火之神和炉灶之神

作为奥林匹斯山众女神中最鲜为人知的一位，温柔圣洁的赫斯提亚既是炉灶之神和圣火之神，又是房屋建造艺术的缔造者。

关于夫妇生活的寓意画，表现了赫斯提亚、许墨奈俄斯、厄洛斯和阿芙洛狄忒四神，1630年，瓦罗塔里，艺术史博物馆，维也纳。

诸神长姐，最具智慧

赫斯提亚是诸神的长姐，她和她的弟弟妹妹们一样曾被父亲克罗诺斯吞进肚子里。多亏弟弟宙斯使出的妙计，她才能第一个被父亲吐出来。简而言之，她是双重意义上的长姐，不仅拥有长姐的身份，亦有长姐的智慧。在奥林匹斯山上，她永远不参与众神或众人之间的纷争。为感激她对奥林匹斯山上和平的维护，每次信众献上祭品，宙斯都要把第一份分给赫斯提亚。

驴子之神，可不是蠢货之神

向来如此，一位女神的贞洁之身总能引起诸神觊觎。赫斯提亚的象征符号之一是驴子，这源于她的一次不幸遭遇。某天，生殖勃起之神（永远在勃起状态）普里阿普斯企图在她熟睡时强暴她。要不是普里阿普斯的驴子为了叫醒她开始大叫，女神便没法得救了。驴子，可不是蠢货！

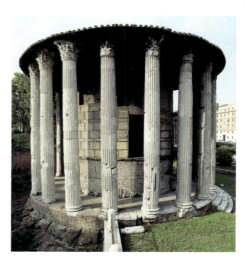

赫斯提亚神庙，罗马。

不开圣洁贞女的玩笑

虽然说女神赫斯提亚在希腊人中的名气稍逊，但是她的罗马名维斯塔（Vesta）却广为人知。她的女祭司都是圣洁的贞女，被认为可与罗马最尊贵的女人并列。在坚守圣职的三十年里，她们必须保护好自己的贞操，如果被人发现破了戒律，她们便会被活埋。作为交换，她们在罗马城的各个领域都享有一定的特权。

"嘿！有人吗？"

贞女

在我们的家中

我们的"前厅"（Vestibule，在旧式罗马式住宅中，火炉就被安置在前厅）一词可能就源于维斯塔，那是家中生火的地方，因为火要为准备祭品服务，所以永远不应该熄灭。

女神赫斯提亚的女祭司，私人收藏。

奥林匹克圣火

在所有希腊城邦中，圣火都被安放在城市里的"总统府"所在地，即某种形式的市政厅，当时也被称作"会堂"。赫斯提亚祭台上燃烧的圣火被所有人珍视，因为它在某种程度上承载着城邦的灵魂：它长明不灭，并且要被传送到那些殖民地区（子城邦）去。在德尔斐，有一种特殊的赫斯提亚崇拜仪式，因为这座城市当时被视作全世界的中心，因此，那里的圣火也被认为是整个希腊共同拥有的圣火。不仅如此，我们的奥林匹克圣火也是由赫斯提亚赐予的。

面纱女神 / 炉灶之火

赫斯提亚一直小心翼翼地藏身于奥林匹斯山上，因此她的形象几乎从未出现在人们的雕塑或陶器作品中。即使有所表现，她也经常是以戴着面纱的形象出现，仿佛在向世人昭示她是"专属于"家庭的。奥维德非常吃惊于这一形象在艺术作品中的缺席，毕竟每个城邦的火种里都有这位女神的影子。这样想来真是更让人难过啊！

罗马名：维斯塔
词源："燃烧"
绰号：家宅灶台
父亲：克罗诺斯，提坦巨人
母亲：瑞亚，提坦女神

"看得见我，又看不见了。
看得见我，又看不见了。
看得见我一点点，又看不见了。"

太阳系的行星

太阳

0.4 ua*

墨丘利（水星）：赫尔墨斯

这颗行星以赫尔墨斯命名是基于它运转最快的事实——恰如赫尔墨斯，作为诸神信使，是诸神中奔跑速度最快的。

0.7 ua

维纳斯（金星）：阿芙洛狄忒

这是太阳系中最热的一颗行星（表面温度 465 摄氏度！）＃热＃有些人就爱它的热烈。
这也是天空中继月球和太阳之外最亮的一个星体。
＃爱在天空中。

大地（地球）：盖亚

我们所有人的母亲。

1.5 ua

马尔斯（火星）：阿瑞斯

这是一颗外表鲜红如血的星球，像战争之神热衷看到人们所抛洒的鲜血一样。镶嵌在它两侧的两颗天然卫星，分别以阿瑞斯两个儿子的名字命名，福波斯（"恐惧"）与德莫斯（"恐慌"）。

5.2 ua

朱庇特（木星）：宙斯

这是太阳系中重量最大的一颗行星——就像宙斯是诸神中最厉害的一个！那些天然卫星的存在仿佛是在向他众多的情人致敬（可不是总要征得人家同意的！）。这些情人中有两个被他绑架的凡人（伊娥和欧罗巴），还有一个男孩盖尼米得也被他劫持到了奥林匹斯山上，此外还有仙女卡里斯托，也是被他强暴的！

9.5 ua

萨杜恩（土星）：克罗诺斯

土星冰冷的光环不禁让人起一身鸡皮疙瘩——把它比喻为一个能把自己孩子吞进腹中的神来说，也实在是再恰当不过了。

19 ua

优拉纽斯（天王星）：乌拉诺斯

这颗行星蓝得明亮，既像天空，也像乌拉诺斯，这位宙斯的祖父，第一代天空之神！

30 ua

尼普顿（海王星）：波塞冬

这颗行星如大海一样蔚蓝。它的三颗卫星分别是特里通（波塞冬的儿子，半人半鱼，海浪之神）、涅瑞伊得斯（海洋仙女们的总称）、拉里萨（波塞冬的一个情人，曾为他生了三个孩子）。

39 ua

普鲁托（冥王星）：哈得斯

这颗行星（自 2006 年起被列为"矮行星"，不再属于行星之列）在太阳系中是温度最低（-228 摄氏度）和距离太阳最远的一颗星——如冥界之神一样，主宰着幽寒的地下世界！

＊地球距离太阳约 15 000 万千米，这个距离被称作"ua"（相当于一个天文单位），这样我们就方便计量其他行星之间的距离。

每周七日

#神历

"星期"的概念直到公元 3 世纪才出现，在那个时代，人们只观测到六颗行星（还有太阳）。

星期一

月球日：阿尔忒弥斯

她经常在头顶戴一个新月形头冠。

阿尔忒弥斯是月亮女神。

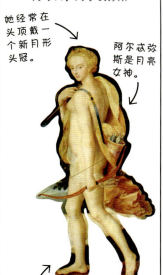

阿尔忒弥斯粗野又凶残，就像那些她在黑夜里看到和猎杀的野兽一样。

星期二

火星日：阿瑞斯

马尔斯在日历中出现过两次：星期二和三月。

罗马人喜欢马尔斯，希腊人却讨厌阿瑞斯，因为他象征着残酷的战争。

星期三

水星日：赫尔墨斯

赫尔墨斯是掌管所有可疑职业的神祇。

星期四

木星日：宙斯

"Jovis dies"是"木星日"的拉丁语写法。

朱庇特式招牌 pose

宙斯是主神，可他却没能占据一周中的主要日子。

星期五

金星日：阿芙洛狄忒

阿芙洛狄忒是一位真正的绝色美人。

我们喜欢看到裸体的爱神。

厄洛斯（丘比特）的性感妈妈。

星期六

土星日：克罗诺斯

星期六的另一种词源解释是"安息日"或"第七日"（写作 Sepmedi）

农神节（萨杜恩农神）是某种嘉年华式的节日，节日期间主人和奴隶地位平等。#就像周六一样。

星期日

太阳日：赫利俄斯（阿波罗）

英国人把太阳日称为"Sun-day"。

对于法国人来说，星期日（Dimanche）是唯一从其词源上讲明确与基督教有关的一天："主日"（拉丁文"主日"为"dies Dominicus"）。

注释

月份的由来

* 三月：美好日子的开始，战争重启；一年中的第一个月。

* 四月：Aprilis（拉丁文，指阿芙洛狄忒），"打开"；萌芽。

* 五月：迈娅，阿特拉斯的女儿，赫尔墨斯的母亲。

* 六月：朱诺（赫拉）。

* 七月：为向尤里乌斯·恺撒大帝致敬更改了叫法（拉丁文"Julius"）。

* 八月：奥古斯都大帝，恺撒的继承者。

* 从九月到十二月：古罗马时期每年的第七至第十个月（这种用法一直延续到恺撒时代）。

* 一月：从恺撒时代起（公元前 46 年）成为每年的第一个月份；源自双面神雅努斯（一面看着过去，一面看着未来）。

* 二月：Februare（拉丁文），意为"洁净"，二月举行的救赎祭祀是专为追悼死者而举行的。

#古希腊悲剧

哦哦哦，
你听得到我的声音了吗？哎哦，
你感觉到我的存在了吗？哎哦，
触碰我，我就在那里，哎哦哦……
（节选自法语流行歌曲 Hey ho）

帕那苏斯山，1510 年，拉斐尔，梵蒂冈博物馆。

从左至右依次为：埃拉托、乌拉尼亚、塔利亚、欧忒耳佩、阿波罗、克利俄、卡利俄珀、忒耳普西科瑞、波吕许谟尼亚和墨尔波墨涅。

提坦神族与次要神祇

奥林匹斯山上的十二主神可谓神界的VIP，他们分管土地、海洋和冥府，相比之下，提坦神族的地位被后辈取代后，就退而变成了次一等级的神祇。

然而，天神与地神的孩子们起初也曾安守本分。但作为宇宙第一神的提坦巨人克罗诺斯对未来早有防范，他吞下那些刚出生的孩子，试图避免自己的统治将来被他们推翻，可惜……他犯了一个错误，让宙斯逃脱了此劫。

在这一章中，我们还会认识那些围绕在奥林匹斯主神周围，拥有进入神界特权的其他男神和女神。简而言之，他们算是神界稍逊一等的VIP。

厄洛斯

爱神与创造力之神

厄洛斯（丘比特）射出金箭点燃众神与世人心中的情欲。

厄洛斯和阿芙洛狄忒，1872 年，图杜兹，雷恩美术馆。

　　爱情是盲目的：被蒙住双眼的厄洛斯"引导"着女神阿芙洛狄忒。他们两个都悬浮于空中，栖身在他们的贝壳上，仿佛被一团蓝蝴蝶组成的乌云托举着。

背着箭袋的机灵鬼

　　厄洛斯是美神阿芙洛狄忒和战神阿瑞斯的儿子。谨慎的宙斯预感到他的出生将会带来灾难，于是强迫他的母亲放弃他。然而，阿芙洛狄忒把她的儿子藏到了森林里，期待宙斯有朝一日能改变主意。这个小家伙躲过了宙斯的扼杀，他制箭习射，技艺超群，当阿芙洛狄忒把他带至奥林匹斯山时，他已经长成一个厉害的弓箭手。这个调皮鬼热衷于偷窃众神的武器，包括他父亲阿瑞斯的：爱神让战神缴械！#要做爱不要战争。

小小孩？年轻人？

　　阿芙洛狄忒很担心厄洛斯，倒不是为他的教育，尽管他调皮捣蛋，常以随意射出金箭使人坠入爱河为乐，偶尔射箭时还故意蒙住双眼（爱情是盲目的！），抑或带着火炬闲逛点燃人心。#纵火狂。（母亲担忧的）并非这些，而是他始终是个无法长大的小小孩。他的母亲去请教公正女神，得知唯有弟弟的出生才能让厄洛斯结束生长停滞。于是阿芙洛狄忒怀上了安特洛斯（相爱之神），这下厄洛斯终于长大了。太有象征意味啦！

#危险的游戏（请勿在家模仿）

谁想和我一起玩啊？

多情的厄洛斯

　　当厄洛斯从小小孩变成小伙子时……他自己也坠入了爱河。但这可不是随随便便就爱上的！厄洛斯曾为他的母亲完成多项任务，但在执行一项任务时发生了意外。普赛克是一位国王的女儿，因为她太漂亮了，人们都把她当作女神一般崇拜。身为美丽之神的阿芙洛狄忒妒火中烧，命令厄洛斯出手，让普赛克爱上世间最卑劣的俗人。可是……就在射箭之时，厄洛斯被他自己的一支金箭弄伤了。他的箭曾勾起过无数人的爱欲，如今自己也第一次尝到了它的滋味！

爱与灵魂缔结婚姻

厄洛斯为爱疯狂，他劫走普赛克并把她秘密安置在一座华丽的宫殿里。每晚他都来与她幽会，并请她永远不要问他的真实身份。普赛克非常爱慕他，但又忍不住好奇。有一晚，她点燃烛光，亲眼看到了这位光彩照人的神祇……厄洛斯被惊醒，然后愤怒地离开了。绝望中的普赛克做了自己能做的一切，想重新唤回他的爱。终于，深深迷恋她的厄洛斯原谅了她并娶她为妻。宙斯赐予普赛克永生的能力与一对精美的蝴蝶翅膀，以此作为他们的结婚礼物。厄洛斯和普赛克（灵魂的象征）此后育有一个女儿，就是欢愉的象征赫多奈！

在爱神之吻中苏醒的普赛克，1787—1793年，卡诺瓦，卢浮宫，巴黎。

卡诺瓦在此探索了有关阿芙洛狄忒复仇的神话主题。阿芙洛狄忒因普赛克看到了自己儿子的脸庞而惩罚她，让她经受一系列的考验，其中之一便是要她陷入一段沉睡中。心怀怜悯的厄洛斯跑去解救她，用一个吻使她从魔法昏睡中苏醒过来。#睡美人。

遇见厄洛斯

胜利的爱神，1602年，卡拉瓦乔，国家博物馆，柏林。

画中不寻常的黑色翅膀是否象征着秃鹫，抑或爱情的残忍？

色情

厄洛斯既是爱神，又是欲望之神，因为他的箭以欲望为特征，是可以让中箭之人产生占有欲的。这便是为什么提到"色情"一词，更多地让人联想到性欲，而非柏拉图式的爱情！与之相反，法文中"丘比特"一词倒是很好地保留了它的原味，意指"让一对爱侣缔结良缘的人"。

在卡拉瓦乔的作品中

多亏了相爱之神安特洛斯，厄洛斯才长大成人，但相较希腊人，罗马人似乎常常忽略这一点。在罗马画家笔下，厄洛斯就是个永远调皮的孩子，而希腊人则经常把他弟弟的故事融合进神话中来，把厄洛斯塑造成一个年轻男子的形象。

情人节明信片。

情人节

把情人节当作丘比特（厄洛斯）的节日再合适不过。在希腊泰斯庇斯城，有一个由来已久相当于情人节的节日，专门用来纪念这位爱神。这个"被爱之人的节日"每五年举行一次，由于最初丘比特更多被视作男同性恋之神，所以在节日那天，人们会先公开向自己心仪的年轻男子献上一只公鸡（替代花束），然后再让他成为自己的情人！

情人节礼物备选清单！

 ☑ 红玫瑰

 ☑ 酒心巧克力

 ☑ 公鸡

 ☑ 漂亮的埃菲尔铁塔钥匙链

珀尔塞福涅

与春季回归相关的冥府女神

得墨忒耳的女儿珀尔塞福涅娇弱贞洁，却不幸被想娶其为妻的叔叔哈得斯掠走，于是她得以掌管冥府，但每年年中，她又会返回大地！RTT（往返时间）。

水仙花，恶之花

珀尔塞福涅是宙斯和得墨忒耳圣洁的女儿，她秘密生活在西西里岛。一天，她和女伴采花时，注意到了一株水仙花。她走过去，伸手想要触碰花朵，忽然大地颤抖，一分为二。她的叔叔、冥府之神哈得斯驾着他那辆由漆黑马匹牵拉的金色座驾从深渊里冲了出来，尽管她哭喊着反抗，还是被哈得斯绑架了。

他为了娶到珀耳塞福涅，把她拖入了地下，土地很快重新合拢了。

我的丈夫同时也是我父母的哥哥，狗血人生

可怜的珀尔塞福涅完全不想留在凄冷的冥府，更不想嫁给她那阴险的叔叔。她整日悲伤哭泣，与此同时，她那作为农耕与丰收女神的母亲在大地之上苦苦寻找她。哀伤无比的得墨忒耳令万物枯萎，饥荒降临人间。当她得知自己的哥哥哈得斯掠走了女儿，便去请求宙斯帮忙，把珀尔塞福涅带回来……这让宙斯陷入了两难境地，因为他并不想惹恼自己的哥哥！

所罗门宙斯的裁决

由于得墨忒耳的罢工＃法国总工会，宙斯目睹了人类即将死于饥荒的惨状，他作出让步，命令哈得斯把珀尔塞福涅送回奥林匹斯山。但哈得斯在同意前，已巧妙地让他的侄女吞下了六颗石榴籽。而一旦吃了冥府的食物，就不得不永远留在这里。这样一来，宙斯就没法再让珀尔塞福涅回到她母亲身边了。众神之王为此作了决断，每年让这位年轻妻子有六个月的时间留在地下，另外六个月则回到得墨忒耳身边。从此以后，每年珀尔塞福涅回归之时，得墨忒耳光耀大地，春天也随之重回人间。

珀尔塞福涅的回归，1891 年，莱顿，利兹美术馆。

神杖在手的赫尔墨斯在冥府逗留后，将珀尔塞福涅带回得墨忒耳身边。宙斯的裁决的确让珀尔塞福涅每年能有六个月的时间回来与母亲团聚，每当这个时候，春天也得以重临人间。

春季
罢工季！

罗马名：普洛塞尔皮娜

绰号："年轻女孩"

父亲：宙斯

母亲：得墨忒耳

丈夫：哈得斯

地狱王后没那么恶毒

珀耳塞福涅最终还是不得已接受了强加给她的冥府王后的角色（当然，她是做半工）。在艺术作品中，她坐在丈夫宝座旁，通常被描绘成手持一把火炬，或者手握一枝罂粟花，而罂粟花催眠的功效象征着大自然一年一度的沉睡。后来，珀尔塞福涅也表现得如她的丈夫一样，严厉又坚强。

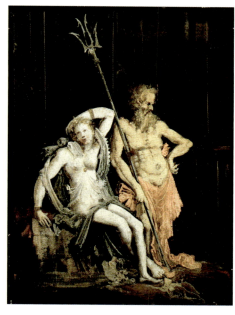

冥府景象，画中细节展示了哈得斯和珀耳塞福涅的形象，1622 年，弗朗索瓦·德诺姆，美术与考古博物馆，贝桑松。

罗马的博尔盖塞美术馆

"劫走普洛塞尔皮娜"（普洛塞尔皮娜是珀耳塞福涅的罗马名）是贝尼尼的一件雕塑作品，创作于 1622 年，当时他年仅二十三岁。这件作品的写实功力令人惊愕不已：我们看到冥府之神的双手嵌入珀耳塞福涅柔软的肌肤……哈得斯的卷曲胡须被珀耳塞福涅反抗的手掌拨乱，动态的刻画十分自然，让人感到他的胡须仿佛随时会被扯下来。境界纯粹的天才。

黑客帝国

在流行文化中，珀尔塞福涅被视作墨洛温王朝式的女性、失落灵魂的守卫者，在《黑客帝国》里，她扮演了相当于哈得斯的角色，在地狱俱乐部里君临威坐。莫妮卡·贝鲁奇饰演的贝瑟芬妮在婚姻中痛苦不堪，她似乎厌倦了自己冥府王后的角色，所以，她同意男主角尼奥逃走，但作为交换，他必须亲吻自己！

"劫走普洛塞尔皮娜"的某处细节，1622 年，贝尼尼，博尔盖塞美术馆。

冥府地图

"冥府"一词有多重含义，古希腊时代的"冥府"，一方面包括了地狱，如同我们今天对地狱的想象（请看下图被火焰墙圈出来的那一部分，即鞑靼），但另一方面也包括了天堂，在那个时代，被称作"香榭丽舍"，位于巨墙后面，这是专为英雄和品德高尚之人准备的，他们可以享受死后永久的安息。

为了进入珀尔塞福涅与哈得斯的王国，人们需要付钱给阿刻戎河（围绕地狱的冥河）上的摆渡人卡戎，否则就需要等上一百年才能渡河……（也就是说，在此之前人们是永生的。#不是很着急啦！）

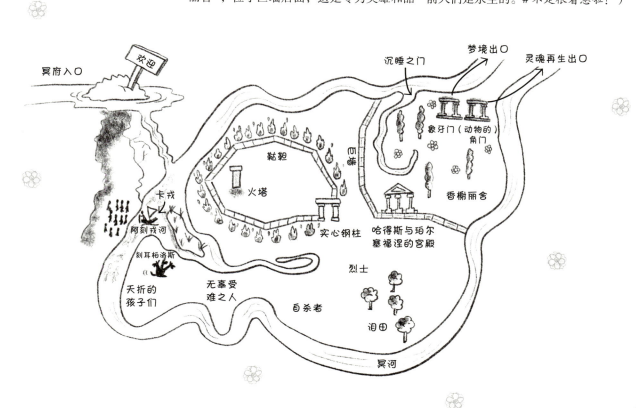

冥府入口　欢迎　沉睡之门　梦境出口　灵魂再生出口　象牙门（动物的）角门　巨墙　鞑靼　火塔　香榭丽舍　卡戎　阿刻戎河　实心钢柱　刻耳柏洛斯　哈得斯与珀尔塞福涅的宫殿　烈士　天折的孩子们　无辜受难之人　自杀者　泪田　冥河

阿斯克勒庇俄斯

医药之神

阿斯克勒庇俄斯（他的罗马名埃斯库拉庇乌斯更为人熟知）是一位非常有爱心的医药之神，最后却在痛苦中死去。他因为让不少死者复生，触怒了神祇，被宙斯用闪电击死。所幸他再生为游蛇，变成了一位神祇……

医药之神阿斯克勒庇俄斯，公元 2 世纪，艾尔米塔什博物馆，圣彼得堡。

作品中的阿斯克勒庇俄斯与他的象征物游蛇相伴，他被宙斯劈死之后便化身成这种动物。

在柴火堆上出生

阿斯克勒庇俄斯的母亲是美丽的艾格拉公主，因为她的美貌惊人，人们送给她一个绰号"科洛尼斯"（"小嘴乌鸦"的意思，是一种漂亮的白色小鸟）。她虽然是阿波罗钟爱的情人，但她却背叛神祇，爱上了一个凡人。阿波罗最宠爱的一种白色乌鸦发现了奸情，并向他揭发了科洛尼斯。阿波罗知道后用箭射死了这个无耻的女人。当他意识到科洛尼斯已经怀了自己的孩子时，她的身体已经被架在了焚尸的柴火堆上，但他最终把孩子从死者的肚子里和火焰中拽了出来。

喀戎将他抚养成人

阿波罗对于自己在盛怒之下杀害孩子母亲一事万分悔恨，于是决定让阿斯克勒庇俄斯献身于救助产妇分娩的事业，并慷慨地将他提升至医药之神的位置。为此，他把这个孩子交由马人族中最受敬仰又非常智慧博学的喀戎抚养，好让他得到最为完善的教育。

医学学位颁发人

被宙斯劈死

某天，雅典娜交给阿斯克勒庇俄斯两个小玻璃瓶，里面装着美杜莎的鲜血：一瓶可以夺人性命，另外一瓶则能让人起死回生。阿斯克勒庇俄斯用后一瓶救回了好几条性命，这些被救的都是善良的凡人或英雄，比如忒修斯的儿子伊波利特。他甚至敢于把两个刚刚被宙斯杀死的英雄救活，惹得这位众神之神大怒，于是他干脆果断地用闪电击杀了阿斯克勒庇俄斯。阿斯克勒庇俄斯也因此从凡人之身变成了天上的蛇夫座，同时也重获新生成了游蛇。

请作出选择吧，新生……呃，对不起，阿斯克勒庇俄斯。

圣蛇与罗马鼠疫

在阿斯克勒庇俄斯的神殿中，病人们会得到治愈，也有一些没有毒液的蛇会在神殿内自由地爬行。公元前291年，罗马城瘟疫蔓延，罗马人于是派出使者来到阿斯克勒庇俄斯所在的主殿埃皮达鲁斯寻找他。当使者们到达神殿被引见后，阿斯克勒庇俄斯的圣蛇开始独自站立行走，并一直跟随他们上船，然后直抵罗马，结果瘟疫很快就消失了……

走吧，向着罗马出发！一公里步行，折磨啊！折磨啊！

罗马名：埃斯库拉庇乌斯
父亲：阿波罗
母亲：凡人科洛尼斯，色萨利地区拉皮斯王的女儿

遇见阿斯克勒庇俄斯

埃皮达鲁斯古剧场

阿斯克勒庇俄斯以长于用梦境疗法医治病人而知名，他的神庙坐落于埃皮达鲁斯。朝圣者们从希腊各地赶来，就为了得到这位神祇（和他的医生们！）的救治。如今，埃皮达鲁斯壮观的古剧场不仅闻名遐迩，甚至还被其他众多剧场视作典范：人们在此举行阿斯克勒庇俄斯庆典，用戏剧竞赛的方式向这位医神致敬。此地绝对值得一游！

雅典

埃皮达鲁斯剧场

希腊的埃皮达鲁斯古剧场。

众多标志

阿斯克勒庇俄斯的蛇杖（一柄普通的权杖上缠着一条游蛇）已经被众多的医学机构作为标志，特别是世界卫生组织（WHO）。

可别把它与赫尔墨斯的神杖（上面缠着两条蛇）或是他女儿许癸厄亚（健康女神）的标志（一条蛇盘在一只高脚杯上）搞混了！

世界卫生组织

潜伏期

阿斯克勒庇俄斯把潜伏期（incubation）一词保留在了医学领域，但今人已经遗忘了这一词语的起源：在希腊时代，这一词意味着"梦境疗法"。实际上患者们如果想得到救治，必须来到这位医药之神的神庙中，平躺在一张动物的皮上进入梦乡。如果他们梦到了这位神祇，尤其是梦见神祇触碰他们身体的伤痛部位，他们就会痊愈了。梦幻啊！

嗬哟！我浑身上下都难受啊。

来啊来啊
香槟
巴里·怀特

伊利斯

彩虹女神，奥林匹斯众神的信使

如彩虹般美丽清新的女神伊利斯，身份和赫尔墨斯相当，也是众神的信使（尤其是赫拉）。但除此之外，她还有一个小特征，那就是其所行之处，身后会留下一道绚烂的彩虹，这也让人们知晓了她的行踪……

莺尾花，梵高，保罗·盖蒂博物馆，洛杉矶。

模范员工

伊利斯是特别讨人喜欢的一位女神，当真如此，她甚至能让暴躁的赫拉也喜欢自己！这是怎样的才华啊！她实际上是给众神之后做信使的，也是赫拉的心腹。伊利斯甚至为她准备洗澡水，伺候她梳洗！她高度尽职尽责，日夜守在主人的宝座旁，绝不放任自己休息，甚至都不肯解下腰带或脱掉鞋子，就为了随时待命。模范员工啊！

本月最佳员工

花季少女的倩影

伊利斯不光具备让赫拉喜欢自己的天赋（赫尔墨斯可从来没这本事），也能得到所有人的赏识，因为她时时准备着在关键时刻机智地为众神服务。比如说，当阿喀琉斯要为他的好友帕特洛克罗斯举行火葬，却为火焰无法熊熊燃烧而哀恸时，她请求西风之神泽费罗斯及时送来西风。不仅如此，伊利斯所过之处还总会留下一道彩虹，仿若天地之间的一座桥梁，那是她羽翼的颜色。

水瓶与伊利斯

伊利斯的形象经常伴随一个瓶子出现。当赫拉从冥府归来，或是当众神起了纷争，赫拉要去冥府用金杯为宙斯舀来冥河之水，用这可怕的誓言之水作裁决时，伊利斯就会用香水为赫拉净身。她忠心耿耿地完成自己的工作，包括赫拉交给她的那些非正义的复仇任务，例如在西西里岛烧毁埃涅阿斯的舰船。只有很少几次，她违背过赫拉的旨意，比如，她放过勒托，并让其诞下了阿波罗和阿尔忒弥斯。

神祇香水

剽窃之嫌

与赫尔墨斯一样，伊利斯也是众神的信使，所以她的象征物也是一柄神杖。神杖带着翅膀，很容易辨识。可我们还是忍不住寻思，她有什么资格享用这个医学标识呢？那两条缠绕在一起的蛇象征着它们从自己的咬噬伤口中复原的能力。对于健康之神赫尔墨斯来说，这点是说得通的，但伊利斯嘛，就差点意思！……

剽窃者！
剽窃者！
剽窃者！
剽窃者！

罗马名：伊利斯
词源："彩虹"
绰号：所有永生神的信使
父亲：陶玛斯，马人
母亲：厄勒克特拉，海洋仙女

遇见伊利斯

在眼睛里

对于每一个个体，甚至每一只眼睛来说，虹膜上的形态花样都是独一无二的！事实上，它们并非取决于（至少不仅仅取决于）我们的基因，而是取决于我们的经历，这就意味着即使是孪生兄弟，也会有不一样的眼睛——这也使得把人眼作为生物统计学上身份识别的手段是非常可行的！是否因为虹膜颜色所呈现的无穷多样性，我们才用彩虹女神的名字为其命名呢？

在花卉中

美丽的伊利斯把她的名字赋予了美丽的紫色花卉。紫色和彩虹之间有什么关联吗？实际上，并非所有的鸢尾科花都是紫色的，甚至可以说这一科的花卉几乎包含了所有颜色。不管怎样，其实百合花才是这一科的象征花卉，但我们却对此知之甚少！是的，"百合花"其实也是一种鸢尾科花……

伊利斯救援

伊利斯为所有的神祇服务，当众神驾着战车返回奥林匹斯山时，是伊利斯为他们的战马卸下套具，为他们献上仙肴。而当阿芙洛狄忒被狄俄墨德斯伤害时，也是伊利斯把她从混战中带出来，帮她登上了由其驾驭的阿瑞斯的战车。#拯救者。

摩尔甫斯和伊利斯，1811年，冬宫博物馆，圣彼得堡。

梦神摩尔甫斯会把梦兆带给众人，但他却在自己的睡眠中梦见了众神信使伊利斯。在作品中，显然众神向他传递了一则带有情色意味的信息，因为伊利斯是伴着厄洛斯一同前来的……

普罗米修斯

提坦巨人，圣火盗取者

　　普罗米修斯是提坦神族中最受尊敬的一位巨人。他的名字意为"有先见之明的人"，从中可看出他的地位。他是为人类造福者，即使在与众神的对抗中，也永远站在人类一边。是他为人类带来火种，也带来了文明，他的形象隐喻着为获取认知而进行的一系列反叛。

普罗米修斯，1934 年，曼希普，洛克菲勒中心，纽约。
　　在雕像后面的花岗岩墙面上刻着埃斯库罗斯的一句话："普罗米修斯，所有艺术的大师，他带来火种，为世人贡献了最大的福利。"此话不假。

父母相同，智商却有别

　　起初，在用泥巴和火创造凡间生灵时，宙斯要求提坦巨人厄庇墨透斯为每一样造物赋予一项天赋。宙斯的这项决定犯了一个战略性错误，因为厄庇墨透斯与他的哥哥普罗米修斯有着天壤之别，他远不是个聪明人。他们的名字也反映了他们各自的智商水平。厄庇墨透斯意指"事后思考者"，但普罗米修斯意指"有先见之明的人"。

奥林匹斯山的圣火

　　提坦巨人厄庇墨透斯接到任务后非常兴奋，他想都没想就开始给各个物种随意分配天赋：飞行、水下呼吸、力量、速度、利爪，这些都被分出去了……当轮到最后一个生物种群人类时，已经不剩任何天赋可选了。唉！为了弥补弟弟犯下的错误，英勇的普罗米修斯决定从神祇那里盗取一支奥林匹斯圣火和一些生活本领，好让人类通过技能弥补他们身体上的缺陷……渎圣者！宙斯发怒了……

施了诡计的祭品

　　为了平息宙斯的怒火，普罗米修斯向他展示了这样做的好处：人类会把动物作为祭品献给众神。但这些祭品究竟哪部分归人类，哪部分该送给众神呢？机智的普罗米修斯于是宰杀了一头公牛作为祭品，并分成并不均等的两份：一份都是牛骨头，上面覆盖着香气扑鼻的肥肉；另一份是牛肉，但被掩盖在脏牛皮下面，毫无诱人的香气。众神之王掉入了普罗米修斯设置的市场营销陷阱，选择了牛骨头那一份。从那以后，多亏了普罗米修斯，人们才可以吃到祭品中最好的那部分肉，而众神却只能享受祭肉飘过来的香气了！

罗马名：普罗米修斯
词源："先见之人"
父亲：提坦族的伊阿珀托斯，天空之神和大地之神之子
母亲：克吕墨涅，提坦族大洋女神之女

"这盆脏兮兮的东西是哪个家伙送来的？"

普罗米修斯受罚

宙斯被普罗米修斯使出的一系列花招激怒，决定狠狠地惩罚他。宙斯把他用锁链缚住，永久锁在高加索山的山顶，在那里，每天白天都有一只老鹰飞来啄食他的肝脏，而等到夜里他的肝脏会重新生长。某天，赫拉克勒斯在执行他的十二项任务时路过此地，看到了普罗米修斯，他同情这位善良的提坦巨人，于是打断了他身上的锁链。尽管如此，普罗米修斯还是决定永久保留锁链上的一个圆环作为戒指，上面还镶嵌着一块高加索的石头。

这样一来，宙斯也没法怪他没有接受惩罚！普罗米修斯真是绝顶聪明。

普罗米修斯还创造了美式拳击。

高加索

普罗米修斯被锁链缚在这座山中，就是这里！

被缚的普罗米修斯，1762 年，亚当，卢浮宫，巴黎。当大理石有了生命！

普罗米修斯的酷刑，17 世纪，阿塞莱托，查尔特勒博物馆，杜埃。

遇见普罗米修斯

大理石的尖叫

普罗米修斯遭受着永恒的酷刑，由此引发的恐怖感为众多艺术创作提供了灵感，特别是油画。它们或是令人惊恐万分的，如鲁本斯的作品；或是非常斯多葛式的，如莫罗的作品，但它们都被收藏在卢浮宫的亚当的雕像《被缚的普罗米修斯》所打败。在这件作品中，大理石似乎有了生命，老鹰似在拍打翅膀，我们仿佛能听到普罗米修斯的吼叫。（幸好，30 年后赫拉克勒斯到来了！）

从柏拉图到科学怪人

普罗米修斯的神话显然别有深意，它隐喻着为了获取认知所进行的反叛，以及为点亮人类所需付出的牺牲乃至终极献身。在柏拉图的《普罗泰戈拉》中，主角普罗米修斯使人类趋近于神祇。而玛丽·雪莱也将她的《弗兰肯斯坦》的副标题取名为"现代普罗米修斯的故事"……

具备牺牲精神的努力

企图让某些人与神祇一样，比如拥有至高无上的权力，在恶劣情况下能够坚守人性，类似的尝试充满挑战。在这种尝试中，包含着非常正面的意义（自我超越，进取），同时也包含负面部分（如亚当和夏娃的故事）。形容词"普罗米修斯式的"更多保留了其中的正面意义，展现的是一种巨大而艰辛的、敢于摆脱束缚的努力。

克罗诺斯

提坦巨人，世界第一位主宰者

克罗诺斯被罗马人称作萨杜恩，是一个恶名昭著的神祇。作为宙斯和奥林匹斯山最初几位神祇的父亲，他为了避免地位被取代，竟吃掉了自己的孩子们。

萨杜恩正在吞食自己的一个儿子，1636—1638 年，鲁本斯，普拉多美术馆，马德里。

　　这幅画作如此惊悚骇人，与神话中克罗诺斯一口吞掉自己孩子们的故事不太一样。画作好像在表现他把孩子们完整吐出来时的场景！

镰刀，并非锤子

　　克罗诺斯的母亲是大地之神盖亚，她后来再也无法忍受自己的丈夫天空之神乌拉诺斯了。事情是怎样的呢？每晚，乌拉诺斯都强行与盖亚结合，还把他们的孩子们囚禁在她的腹下。# 母鸡爸爸。于是，盖亚交给最小的儿子克罗诺斯一把镰刀，让他在哥哥们的帮助下割掉他父亲的生殖器。就这样，克罗诺斯把乌拉诺斯阉割了，天空之神痛苦地惨叫着，逃离了大地之神，而盖亚的孩子们也被救了出来。

告别过去

古代吃人魔

　　得益于这次狡猾的切除术，克罗诺斯攫取了父亲留下的空缺王位，与哥哥们一道开始了新的统治。深受打击的乌拉诺斯向儿子们发下诅咒，称他们为"提坦人"，意指割掉他生殖器官的人。乌拉诺斯还警告克罗诺斯他未来会遭到报复，遭遇相同的命运，被自己的孩子夺去王位。于是，多疑的克罗诺斯决定……把自己所有的后代都吞进肚子里。斩草除根！他的妻子瑞亚，同时也是他的妹妹，任由他把前五个孩子吞了进去。

世界之脐

　　当宙斯宝宝出生时，瑞亚决定把他从父亲的魔掌中救出来。她用一块包裹成襁褓的石头替代宙斯，克罗诺斯吞下石头，并没有察觉出这一骗局。宙斯偷偷活了下来，直到长大成人，娶了谨慎女神美狄斯。后来他送给父亲克罗诺斯一瓶催吐药水，克罗诺斯喝下后，把他的孩子们完好无损地吐了出来，甚至还吐出了那块曾经代替他的石头（这块石头从此成了希腊人的"世界之脐"，被留在了德尔斐岛上！）。宙斯把父亲赶走后立即登上了王位，与他的两个兄弟一起分享了世界的统治权。

零级伪装

遇见克罗诺斯

在普拉多美术馆

在表现克罗诺斯的作品中，最著名也是最恐怖的大概要数陈列在马德里普拉多美术馆中由戈雅创作的那一幅。我们从中可以看到可怕的巨人萨杜恩（克罗诺斯的罗马名）正咬着一只胳膊，吞食一具无头的人类身体。嘛嘛！同样在普拉多，鲁本斯的相关作品虽然知名度略低，但画面更加骇人：年老的萨杜恩撕咬着一个惨叫中的孩子的肉身！太恐怖了。这使得萨杜恩的名字听起来总是那么可憎。

萨杜恩正吞食自己的一个儿子，1820—1823年，戈雅，普拉多美术馆，马德里。

堪称恐怖之最！

土星鸡尾酒

克罗诺斯加冰

在宇宙和星相学中

由于戈雅和鲁本斯等画家相关题材的画作，萨杜恩这个人物单凭名字就让人不寒而栗。人们因此以他的名字来命名那颗最阴森同时又带着冰光环的恒星，也就不足为奇了！此外，在星相学中，一个人的星盘最好不要落在土星上升相位……诗人魏尔伦就深信占星术，并将他那部非常忧郁的作品《土星诗集》的题献给了萨杜恩这位神祇！

农神节

星相学认为，凶险不祥的土星使人精神萎靡，仿佛灌了铅一样（顺便说一句，铅中毒这种疾病就是因为人体摄入过量铅引起的）。但星相学中的土星与我们远古时代的这位神祇截然不同。他终年都在熟睡，人们只在冬至这一天将他唤醒，他的雕像（绑着头带，农神节的时候再拆除）象征着节庆和好日子的重新到来，甚至今天的圣诞节便由这个日子演变而来！

魏尔伦的画像，1868年，巴齐耶，达拉斯美术馆。

在这幅画作完成的两年前，魏尔伦刚刚出版了他的第一部诗集《土星诗集》，整部诗集都弥漫着消沉之气。忧郁伤感意即"神经衰弱患者"……

黄金时代的主宰

克罗诺斯被夺去王位后在双面神雅努斯那里避难，雅努斯很喜欢他。虽然他能干出吃掉自己孩子这种事，但他统治期间也的确是一段黄金时代，那时众生和睦，人人平等。为了纪念这段美好时光，雅努斯创造了农神节，即每年的12月16日。在罗马，节日这天，奴隶与主人一样平等，所有的劳作也都被取消啦！

一日的好友

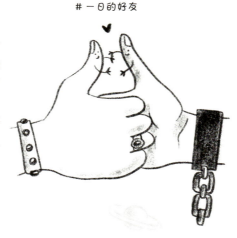

罗马名：萨杜恩

词源："贪食者"

绰号：心思狡诈之神

父亲：乌拉诺斯，天空之神

母亲：盖亚，大地之神

阿特拉斯

顶住天穹的提坦巨人

阿特拉斯在提坦巨人中极为知名。我们知道他在直布罗陀海峡附近，身负肩擎天穹这项沉重的使命。尤其是他没有赫拉克勒斯机灵……

阿特拉斯，1936年，劳瑞，洛克菲勒中心，纽约。

这座雕像高14米，阿特拉斯扛举球环，它的轴线指向北极星。

这件作品为20世纪美国文学中最有影响力的作品之一——兰德的《阿特拉斯耸耸肩》提供了灵感，书中大肆鼓吹利己主义。（据说这本书是特朗普的枕边书，巧不巧！）

罗马名：阿特拉斯

词源："擎天者"

绰号：家中壁炉

父亲：伊阿珀托斯，提坦巨人

母亲：忒弥斯，提坦女神

提坦大战中的提坦巨人

阿特拉斯是提坦十二大神（六个男神和六个女神）中某一位的儿子，而这十二大神都是大地之神盖亚和天空之神乌拉诺斯的孩子。所以从辈分上说，他又是宙斯的父亲克罗诺斯的侄子。当他的堂兄弟们企图推翻其父亲的统治时，他却站到了他的叔叔克罗诺斯一边。这场提坦神族和众神之间的战争就被称为"提坦大战"。不幸的是，提坦族被打败了，而宙斯因阿特拉斯曾攻击自己，于是责罚他永生永世肩扛天穹……我要是早知会如此，才不会加入战斗呢！

可……可是……我要永远扛着这玩意儿？

擎天者亦是说谎者

赫拉克勒斯为了完成任务，来到赫斯珀里得斯仙女们的花园里寻找金苹果，这些仙女都是阿特拉斯的女儿。阿特拉斯答应他可以帮忙找到金苹果，只要他能替自己扛一会儿天穹。天真的赫拉克勒斯轻信了他的话，代替他扛起了天穹。结果阿特拉斯很快就承认自己说谎了，他根本就没打算兑现诺言。他甚至坏到了家，当着这位半神的面摘下金苹果，还和仙女们一起嘲笑他。不酷！

对待狡诈之人，应加倍奉还

赫拉克勒斯假装屈服于他，却谎称自己还没站稳，请求阿特拉斯帮个小忙，好更好地把天穹放在肩膀上。没想到这位提坦巨人比先前的赫拉克勒斯还要天真，竟接受了他的请求。就在阿特拉斯刚刚触到天球的一刹，嗬，赫拉克勒斯立刻让天球滑进他的手里……然后马上就走掉了，临走时还不忘捡走被阿特拉斯留在地上的金苹果……笑到最后的人才是笑得最甜的啊！

阿特拉斯，石块脚下的巨人

珀尔修斯打败美杜莎后，归途中曾路过阿特拉斯的国土。显然，阿特拉斯担心他女儿们的金苹果再被宙斯的哪个英雄儿子抢走，于是粗暴地将珀尔修斯拒之门外。如此对待一位希腊人，简直就是重罪！愤怒的珀尔修斯抓起美杜莎的头颅……阿特拉斯瞬间被石化了。今日，巨人的身影依然可见，他被化为一座山峰，留在了他一直看守的直布罗陀海峡要塞！

遇见阿特拉斯

在地理学中

在 16 世纪，杰拉杜斯·麦卡托（同名大地投影法的创造者）的著作就是以这位提坦神的名字命名的。这在当时绝对是第一份既呈现出地球的圆形，又标示出美洲部分的地图（是他命名了新大陆！）。为什么以阿特拉斯命名呢？因为擎天者所处的位置刚好适合认知地球表面！自此以后，"Atlas"一词一直被用来指代地图集。

在建筑学中：男像柱

你是否曾见过如同圆柱一样支撑着柱顶盘的女性塑像？或许你知道它们在建筑学领域被称作"女像柱"，但你未见得知道与之对等的男性塑像被称作"Atlantes"（法文，男像柱）。为什么？因为他们承担着沉重的负荷，当然，就像阿特拉斯一样！

在脊椎动物门中（寰椎：承担一切的第一颈椎）

当你双肩扛着某个重物时，你观察过你的脖子做出的运动吗？现在，请试着猜测一下颈椎的第一节叫作什么，就是承重最大的那一节。是的，非常合乎逻辑，它被称为……"Atlas"（寰椎）。

麦卡托所著地图集中的地图（1595 年），因其封面插画，此后所有的地理学著作都被称为"Atlas"。

金苹果

你可别以为故事中的"金苹果"就是我们现实生活里的黄皮苹果！事实上，它很可能指的是生长在地中海西岸的橙子，其金色的表皮让希腊人很着迷。柑橘类水果中有一个品种名字就叫……"赫斯珀里得斯"！然而，还有一些专家指出，"金苹果"也可能指的是木瓜，因为木瓜中的某一品种就被叫作"金苹果"。#有竞争啊！

缪斯

代表九门艺术的九位女神

在日常用语中，缪斯是指艺术家们的灵感源泉。的确，这九位美丽、贞洁、永生的姐妹在艺术作品中常以围成一圈跳舞的形式出现，她们身上隐喻着天赋与最神奇才能的结合，并负责将其传给世人……

阿波罗与缪斯们，16世纪，德·沃斯，比利时皇家博物馆，布鲁塞尔。

罗马名：缪斯们

词源："山峰"
（她们居住的地方）

父亲：宙斯

母亲：摩涅莫绪涅

起源

缪斯女神姐妹九人，是宙斯与记忆女神摩涅莫绪涅共度九个良宵后生下的孩子。而摩涅莫绪涅就是"记忆"一词本身的起源。虽然是宙斯与摩涅莫绪涅的女儿，但这些缪斯女神总是陪伴在极富艺术天赋的光明神阿波罗左右。她们居住在山里，有时在赫利孔山，有时在帕纳斯山。每当她们遇见一个男人时，就会把自己的天赋赐予他……这个男人便会因此成为一位伟大的艺术家！这家伙可真走运。

记住记忆女神的女儿们

要想记住所有缪斯女神的名字还真是不容易！这倒挺讽刺的，因为她们的母亲就是记忆女神。其中几位的名字相对好记一些：

A. 乌拉尼亚（"天空"），天文女神，她的名字会让人想起天空之神乌拉诺斯。

B. 克利俄，意指"著名的"（这还真不假，多亏了那款车——雷诺Clio）。她是历史女神。所谓历史，就是那些值得被记录的事件。

C. 忒耳普西科瑞，她的名字意即"舞蹈"+"可感知的"，作为舞蹈女神，合乎逻辑。

D. 卡利俄珀，名字意为"美妙的嗓音"，史诗女神。她赋予了荷马灵感，同时她也是俄耳甫斯的母亲（俄耳甫斯拥有最动听的歌喉）。

E. 波吕许谟尼亚，名字意为"几支颂歌"，修辞女神。很正常，所谓修辞即要求掌握多种不同的表达方式。

F. 塔利亚，名字意为"繁荣的、欢乐的"，她做喜剧女神理所应当。你可能会想到连接巴黎和布鲁塞尔的大力士（Thalys）高速列车，嗯，在比利时那个经常闹笑话的国家，用女神为列车命名不失为一种记忆之法！

如果你还能想起最后三位缪斯女神的名字，她们的母亲记忆女神一定会为你骄傲的。

G. 埃拉托，哀歌女神和情诗女神。她的名字太好记了吧，érato=érotique（爱情的，色情的）。

H. 欧忒耳佩，音乐女神，名字意为"使喜爱"（和她姐姐忒耳普西科瑞名字中包含的部分意义相同）+"非常"。音乐就是大家都很喜爱的艺术形式！

I. 最后一位，墨尔波墨涅，悲剧女神。为什么？"墨尔波"可是"歌唱"的意思！这是因为在古希腊时代，最初的悲剧就是一些为酒神狄俄尼索斯而唱的抒情歌曲！它们被称作"酒神赞美歌"，由此也衍生出"过分赞扬"（Dithyrambique）一词，即"歌颂某人的功勋"！

轮到你来玩啦！

请找一找每幅图所对应的缪斯女神。

遇见缪斯女神们

在艺术领域

以九位缪斯女神为主题的艺术作品实在是太多了，由于她们各有象征物，比如塔利亚的喜剧面具、墨尔波墨涅的悲剧面具，所以她们的身份总是很容易分辨。但如果面对这幅收藏在奥赛美术馆的莫里斯·丹尼斯的画作，你会发现要分辨她们各自的身份，实在比我们想象中要难。这是因为有些缪斯女神的象征物是相像的，而有些女神甚至没有象征物！

在词汇领域：博物馆

你可能已经在心中产生疑问了，"博物馆"一词是如何产生的？没错，它纯粹就是从献给这些缪斯女神的神庙和居所演变而来的。第一座"博物馆"出现在亚历山大。既然缪斯是能带给人灵感的女神，那么"博物馆"建立之初主要就是诗人和学者们用来创作的地方，这种创作尤其集中在其中一个场所，那便是著名的亚历山大图书馆！

缪斯女神们，1893年，丹尼斯，奥赛博物馆，巴黎。

在地理领域：蒙帕纳斯

"缪斯女神们住在帕纳斯山"。瞧瞧，这座希腊山峰的名字是不是让你想起什么来了？很正常，因为在1700年左右，巴黎南部的一堆石灰渣曾被人戏称为"帕纳斯山"，仿佛这么一叫，这些残渣就有了诗意似的。后来这种叫法被保留下来，直到19世纪末，一帮诗人在此喊出了"为艺术而艺术"的口号，"帕纳斯派"诞生了！

蒙帕纳斯大道，从蒙帕纳斯塔上拍摄，巴黎。

答案：A—⑨；B—④；C—⑥；D—⑤；E—③；F—⑦；G—⑧；H—②；I—①。

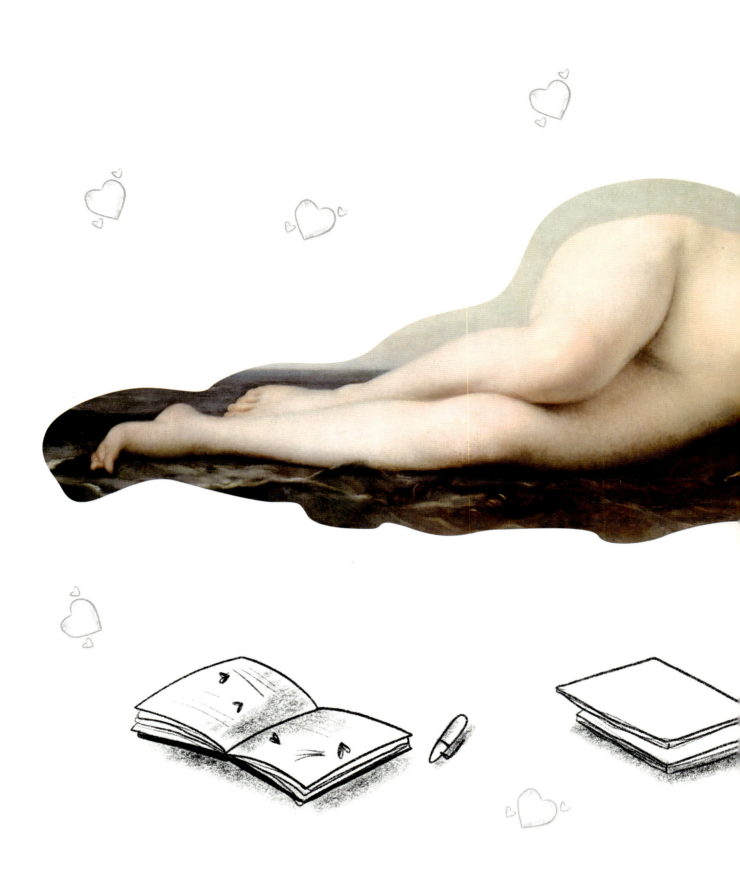

维纳斯的诞生，1863 年，亚历山大·卡巴内尔，奥塞美术馆，巴黎。

被爱之人

希腊神话中有大量的爱情故事，尤其是关于宙斯的，在他永不止息的生命里充满了与凡人之间的各种香艳情事。有个笑话说，人们可以把宙斯的人生总结成一句话："不幸的是，宙斯又恋爱了。"这句话换到他的两个孩子阿波罗和阿尔忒弥斯身上，也同样适用！

然而，即使某些情事是悲剧的，甚至是残酷的，也为我们留下了一些最美的神话故事，比如，欧洲大陆的名字，便来源于宙斯的一段爱情故事！

达娜厄

珀尔修斯的母亲

罗马名：达娜厄
父亲：阿克里西俄斯
母亲：欧律狄刻，阿尔戈斯国
　　　的王后
子嗣：珀尔修斯

达娜厄是斯巴达的公主，她曾被宙斯勾引。宙斯为了接近她，将自己幻化成了一种不寻常的形态：黄金雨！

黄金之家

美丽的达娜厄是阿尔戈斯国王阿克里西俄斯的女儿，但却被她父亲囚禁在一座铜塔（或是地窖）中，并用青铜大门锁住，由高大的牧羊犬看守。这缘于他曾收到一则神谕，说是他的外孙将来会杀掉他。国王绝不希望看到预言成真，他要确保自己的女儿永葆处女之身……但他千算万算没能算到宙斯的淫欲之念，宙斯爱上了这位贞女，并幻化成黄金雨侵入她的囚牢，与她交欢。

达娜厄被关进箱子里

阿克里西俄斯发现，虽然自己实施了种种预防措施，女儿还是怀孕了。怒火中烧的他故技重施，把母子俩关进箱子，沉入海中。然而，箱子漂流至塞里福斯岛时，达娜厄被一位渔夫救起。这位渔夫是当地国王的哥哥，他帮助达娜厄养育了她的儿子——半神珀尔修斯。可是，当有一天国王看到达娜厄，马上爱上了她。此时珀尔修斯已经长大成人，于是国王派他去杀掉戈耳贡女妖，想借机将他赶走，然后强迫达娜厄嫁给自己。

达娜厄，1907—1908 年，克里姆特，维尔特勒画廊，维也纳。
"我爱黄金，你却不相信。"

3，2，1……黄金耳光

达娜厄，1623 年，真蒂莱斯基，克利夫兰艺术博物馆。

遇见达娜厄

黄金耳光

欧洲各大美术馆都能看到关于达娜厄的画作。克里姆特的表达太耽于肉欲，但其他人的创作又太平庸。以提香或是真蒂莱斯基对此主题的古典主义表达为例，其中的"黄金雨"被画成了"金币雨"，更多给人一种达娜厄仰着脸要起身迎接的感觉，3，2，1……#黄金耳光。

比贞女还要贞女

与真蒂莱斯基相反，惯于画圣母像的小淘气马布斯生动描绘了一个不一样的达娜厄。她带着一脸无所谓的表情，分开双腿，让黄金雨随意落进自己的腰间。除了假正经的神态，画中的她还身穿一件蓝色披风，从传统意义上讲，那是圣母玛利亚专有的装饰。在 1527 年，这种表现方式真是非常大胆。#如果我没搞错的话 / 马布斯真敢放肆。

伊娥

母牛爱人

伊娥本是赫拉的女祭司，但她远没有履行好自己的职责，因为她做了赫拉丈夫宙斯的情人……为了避免被捉奸，宙斯还将她变成了母牛。

空气爱人

年轻貌美的伊娥曾在赫拉位于阿尔戈斯的神殿里担任女祭司。有一天，她被宙斯注意到了。为了勾引到她，又不被自己那善妒的老婆发现，宙斯一如既往地展开他强大的想象力，化身成了……云！这位宙斯可真有本事，太有本事了，是不是？然而，赫拉比他更胜一筹，因为她还是认出了他。她注意到大晴天里乌云汇聚，混浊昏暗……她靠近，拨开云雾，在里面看见了……

一朵美丽的花（在一张母牛皮里……）

赫拉看到在云团之下藏着她的神祇丈夫和一头漂亮的白色小母牛。因为宙斯为了打消他暴躁妻子的猜忌，已在匆忙间把伊娥变身了。白费劲。多疑的赫拉决定密切监视这头可疑的小母牛……很快她就注意到，有一头漂亮的公牛频繁去看它。她马上命令自己最得力的狱卒阿耳戈斯·帕纳普特斯（"能看见一切"）阻止公牛靠近。

哟，是我的原因吗？我怎么觉得宙斯这次变身没有考虑过我的感受呢？

朱庇特和伊娥，1530年，科雷吉欧，艺术史博物馆，维也纳。

宙斯幻影式的形象是通过云雾展现出来的，这也赋予此画解读的双重可能：第一眼，我们只看到一个单独的女性；再仔细观察，就会看到还有一个情人紧紧拥抱着她。

班房看守盯着你呢！

宙斯不知如何是好，因为阿耳戈斯有100只眼，睡觉时只用闭上50只眼。日日夜夜，宙斯根本没办法逃过他的监控。见不到情人的他无比难过，于是派自己狡猾的儿子赫尔墨斯去杀掉阿耳戈斯。赫尔墨斯给百眼巨人讲了一个长长的故事，还吹起自己那支传说中的长笛为他催眠，终于让阿耳戈斯沉入深眠。巨人刚闭上他的100只眼，赫尔墨斯就砍下了他的头。赫拉知道后无比伤心，于是把这位忠诚卫士的眼睛分别装在她最爱的孔雀鸟羽之上。时至今日它们依然安在！

哪只牛虻叮咬了她？

为了报复伊娥，赫拉派出一只牛虻不停地叮咬她。可怜的小母牛惊恐万分，仓皇逃窜，她穿越海洋、群山、陆地，甚至遇见过被缚在高加索山上的普罗米修斯，并得到了他所给的启示。启示说终有一天她会恢复人形，并且会成为某位大英雄的始祖（赫拉克勒斯），而普罗米修斯也将因这位英雄的到来重获自由。最后，伊娥抵达埃及，由于宙斯的爱与抚慰，她的内心平静下来，重新变回了人形。

罗马名：伊娥

词源："一望无际"

父亲：伊那克斯，河神，阿尔戈斯国王

母亲：墨利埃

遇见伊娥

伊斯塔门

在传说中的古埃及时期，伊娥的形象是与古叙利亚女神伊斯塔结合在一起的。事实上，古埃及时期与古叙利亚时期的神话故事共同反映了古希腊与东方之间存在的诸多交流，而且人们还把异域诸神和希腊诸神同等看待！

博斯普鲁斯，"母牛通道"

在埃斯库罗斯的《普罗米修斯》中，伊娥把名字留给了爱奥尼亚海，此外，博斯普鲁斯海峡（Bosporus Strait，又称伊斯坦布尔海峡）从词源上讲也源自伊娥（意为"母牛涉水而过的地方"），她为了去亚洲，曾游泳渡过这个海峡。抵达埃及后，

她怀上了宙斯的儿子厄帕福斯。她被这个国家视为女神伊西斯，她的儿子则被称作阿匹斯神。好国际化呀！

丽达

海伦、波鲁克斯、卡斯托尔和克吕泰涅斯特拉的母亲

丽达是斯巴达的王后，同时也是令宙斯钟情的一位凡间女子，为了引诱她，宙斯别出心裁地变成了天鹅……她同时怀上了两对双胞胎：她丈夫的和宙斯的。好高产！

天鹅

宙斯看见斯巴达美丽的王后丽达在一条河中沐浴，瞬间爱上了她（这位宙斯真朝三暮四）！为了引诱她，满肚子花花肠子的宙斯略施小计，他变成天鹅，假装正被一只鹰猎杀（其实那鹰就是阿芙洛狄忒，他求她帮了个忙！）。丽达心怀怜悯，把这只可怜的天鹅揽入了怀中，就在这时，宙斯一不做二不休，立即抓住机会与她交欢，甚至都还没来得及恢复真身！#我是一个急性子的神。

怀着金蛋的母鸡

当然，丽达怀上了宙斯的孩子。但身为国王廷达瑞俄斯的妻子，她在当天早些时候已经和丈夫亲热了一场。也就是说，在同一天，她同时怀上了两个爱人的孩子！这些情事让她最后诞下了两枚金蛋，每一枚里都有一对兄妹：哥哥卡斯托尔和妹妹克吕泰涅斯特拉，还有哥哥波鲁克斯和妹妹海伦（引发特洛伊战争的女人）。后一对是宙斯的孩子，所以被当作半神抚养长大，但波鲁克斯与他同母异父的哥哥卡斯托尔感情亲密，不愿分离，于是他要求两人每隔一天，交换一次不朽之身！

遇见丽达

原子的丽达

丽达不仅仅是一个带有天鹅标志的浴室品牌，同时也是达利一幅特别有名的画作的主题，他在其中画了他一生挚爱的加拉，并声明："《原子的丽达》是描绘生命的关键之作，一切都悬浮于空间之中，互不碰触。海水自行升起，远离土地。"

原子的丽达，1949年，达利，加拉－萨尔瓦多·达利基金会。

作为达利的妻子和缪斯，加拉在此摆出姿态，化身丽达，这是画家在"核子神秘主义"创作时期的主题象征。

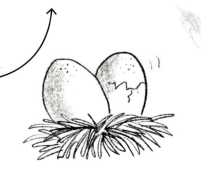

罗马名：丽达
父亲：戴斯蒂俄斯，普罗翁国王，位于埃托利亚
母亲：俄丽黛弥斯
丈夫：廷达瑞俄斯，斯巴达国王

欧罗巴

欧洲大陆之母

作为被宙斯征服过的众多知名情人里的一位，欧罗巴公主把她的名字赋予了欧洲大陆。不过与她名字所示不同，欧罗巴其实是个黎巴嫩人……但，历史恰恰如此！

罗马名：欧罗巴
词源："日落西方"
父亲：阿革诺耳，泰尔国王
母亲：忒勒法萨

关于两块陆地的梦

某天早上，美丽的腓尼基（如今的黎巴嫩）公主欧罗巴醒来后，回忆起自己昨夜做过的一个奇怪的梦。她梦见两块陆地化身成两个有魅力的男人，为谁能抓到她的手而搏斗。欧罗巴的父亲是伟大的阿革诺耳国王，还统治着泰尔城，所以她对亚洲大陆上的中东地区有着根深蒂固的感情。随后，欧罗巴耸耸肩，和她的朋友们一同去海边散步、采摘野花去了。

他化作一头公牛

欧罗巴正在采摘野花时，忽然看见了一头漂亮的公牛。她被公牛吸引了，于是将一个花环套在它的脖子上。这头牛看起来很友善，欧罗巴忽然想爬到它的背上去。她让自己那些兴奋不已的朋友一起陪着她。但公牛显然只对她一个人感兴趣，等她爬上去，公牛突然载着欧罗巴奔跑起来，很快甩掉了其他人。它奔进海中，不停地游啊游，并横穿过整个海洋……

欧罗巴，1870—1894 年，沃茨，沃克艺术画廊，利物浦。

纣白牛给你一双翅膀

宙斯原本安安静静地在云端飞行，路过西顿上空时，他看见这位美丽的公主，并立即爱上了她（说真的，他也太容易动心了吧），他决定即刻降落凡间去引诱她，但冰冷的现实之手拦住了他。如果妻子赫拉发现这一切，一定会狠狠报复的。所以谨慎起见，宙斯变成了一头漂亮的白色公牛，这头牛的牛角如新月，前额上还炫耀似的戴着一个银盘……

\#伪装

梧桐常青

宙斯化身的公牛最终抵达了克里特岛的海岸。在那里，他躲在一棵美丽茂盛的梧桐树下安稳地恢复了真身，丝毫没有被赫拉发现，而欧罗巴也接受了他的诱惑……此后，每回宙斯来与她私会，都会施法让梧桐树枝繁叶茂，即使是在冬季！他的诡计得逞，赫拉一无所知，欧罗巴也为这位众神之神生下了三个美丽的孩子。但她后来被宙斯抛弃，为求得安慰，嫁给了克里特岛的国王阿斯忒里翁。国王收养了她的孩子们，并把王冠赐予他们中的一个，这就是克里特岛后来著名的国王米诺斯（在他与公牛的故事里，他可没有欧罗巴走运）。

诱拐欧罗巴，1637—1639 年，雷尼，国家美术馆，伦敦。

遇见欧罗巴

在 5 欧元、10 欧元和 20 欧元的钞票上

欧罗巴是我们的财富（取财富一词的本义）。打开你的钱包，拿出一张 5 欧元、10 欧元或 20 欧元的纸币，你在全息标识处就能看到她的头像。甚至可以说，这是其中唯一可见的头像，2013 年起发行的新版纸币上还印有她的名字！"啊，欧罗巴，我喜欢将你凝视，尤其喜欢凝视纸币上的你。"

在政治语境中

关于诱拐欧罗巴的故事，有多种艺术性解读，但在政治语境下，对它的诠释可能会出现偏差。在斯特拉斯堡的欧洲议会大厦前，立有一座青铜与合金制作的雕塑，那是由克里特岛人捐赠的。这座吓人的雕像恰好为那些对欧洲一体化持怀疑态度的人提供了例证，他们还能借此表达他们对这一机构，尤其是对欧洲貌似一团糟局面的厌恶。谢谢这份礼物，小伙子们，其实不必送的。

奥利温

贝奥蒂的猎人，天生力大无穷又充满活力的美男子

奥利温是阿尔忒弥斯唯一的情人，同时也是世间最俊美、最伟大的猎人。难怪他能成功获取这位对情爱关系向来充满敌意的女神的芳心！而且，还不只她一个呢……

尿出来的小孩

奥利温的出生方式在整个神话故事里都是独一无二的：他的"父亲"伊里埃是伊里国年迈鳏居的国王，也是波塞冬的一个儿子。有一天，这位国王招待他的海神父亲、宙斯叔叔，还有堂兄赫尔墨斯一起吃饭。这三位神看到他孤身一人没有子嗣，为感激这顿盛宴，就把刚刚吃过的那头牛的牛皮拿过来，在上面撒了几泡尿，然后嘱咐伊里埃将其埋入地下九个月……就这样，奥利温出生了（"尿"）！

奥利温，1975年，里德，私人收藏。

比绿巨人还要高大

奥利温可算是"土著人"，因为他是由大地自行孕育出来的。但这位巨人太高了，当他走进海底时，肩膀还露在海面之上。当他走在陆地上时，他的头穿梭在云朵中。他能徒手开凿港口，并且是陆地上最出色的猎人。为能娶到希俄斯的公主墨洛珀，他根据希俄斯国王的要求，帮助希俄斯岛摆脱了野兽的侵袭。然而，当任务完成时，国王却违背承诺，不肯把女儿嫁给他……

罗马名：奥利温
词源："尿"（嗯，真的是尿！）
父亲：宙斯、波塞冬和赫尔墨斯的尿
母亲：从土里自行孕育而出，可算是"土著人"

被挖去双眼的盗贼

受了屈辱的奥利温喝得大醉，然后把墨洛珀从她的闺房里绑走了。国王为替女儿复仇，又让奥利温喝下更多的酒，当他醉倒时，国王命人挖去了他的双眼。给你个教训！失明的奥利温冲进大海，占领了利姆诺斯岛，后来又来到独眼巨人的打铁铺，借来一个孩子放在肩头充当向导。最后，他遵从神谕走向东方，双眼也重见光明，这还多亏了钟情于他的黎明女神厄俄斯，她从东方升起，治愈了他的眼睛。

失明了？买一个独眼巨人的小孩！

阿尔忒弥斯唯一爱过的男人

奥利温拥有狩猎天赋，这一点和狩猎女神阿尔忒弥斯一样，虽然这位女神一直对男人无感，但却意外地爱上了奥利温……她的哥哥阿波罗很生气，觉得她一时被爱情冲昏了头脑，就派出一只蝎子去刺杀奥利温。为了躲避追杀，奥利温远远地跑进了海中。阿波罗假装质疑妹妹射箭的能力，指着海洋中一个勉强可见的黑点，让她试射。箭飞驰而去……结果正中奥利温的脑袋。阿尔忒弥斯悲痛万分，于是把奥利温化成星宿（猎户座），与他的猎犬西里斯（大犬座）相伴！

遇见奥利温

著名的星座

猎户座是一个非常有名的星座，夏夜里当天蝎座显现之时，猎户座便会退隐。事实上，即使在宇宙中，这两个星团也是处在相反的位置，仿佛奥利温永远都在躲避那只被阿波罗派来追杀他的恶毒的蝎子！

猎户星座

《哈利·波特》中的小天狼星

在《哈利·波特》中有一条阴森的大黑狗，屡屡恐吓哈利·波特……直到他意识到那是自己的教父小天狼星。鉴于书中小天狼星的名字与奥利温的猎犬西里斯相同，小天狼星的阿尼马格斯变形（将自身变成某种动物的魔法）是一只大狗也就不奇怪了！更妙的是：书中小天狼星父亲的名字是……奥利温！

达芙妮

阿尔忒弥斯的侍女，月桂树的化身

达芙妮是阿尔忒弥斯的侍女，阿波罗爱上了她，但这份爱却被厄洛斯诅咒永远得不到回报……最后只能以一出悲剧收场（达芙妮变成了月桂树）。

其实我是妹妹，有个哥哥尾随我

达芙妮是阿尔忒弥斯的侍女，和充满野性的狩猎女神一样，达芙妮也拒绝结婚……但她的美貌吸引了阿尔忒弥斯的哥哥阿波罗的目光。一位名叫留基伯的求爱者曾伪装成女性成功接近达芙妮，并向她做了自我介绍。阿波罗非常嫉妒，决定让这个求爱者深陷窘境，他建议女神们一起赤裸着身子到泉水中洗澡。当然喽，这被留基伯当场拒绝。骗局被拆穿后，贞女们非常生气，直接打死了留基伯。

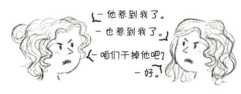

金箭和铅箭

就在那时，厄洛斯嫉妒阿波罗在射术上胜过自己，于是向阿波罗射出一支金箭，让他爱上了达芙妮。紧接着，他又向达芙妮射出一支铅箭，让她对阿波罗的爱无动于衷……就这样，阿波罗白白献了殷勤！他陷入爱的痴狂中，终于有一天抓住了达芙妮。她四处祈求帮助，也许是宙斯，也许是她的父亲，抑或是盖亚出了手，总之她迅速化作一棵月桂树（"达芙妮"在希腊语中的意思）。羞愧难当的阿波罗最后只能折下一根树枝来装饰自己的里拉琴和箭袋，并把月桂树变成了自己的圣树。

阿波罗和达芙妮，1743—1744年，乔凡尼·巴蒂斯塔·提埃坡罗，卢浮宫，巴黎。

阿波罗想要抓住达芙妮时，把她吓坏了。她请求宙斯把自己变成月桂树，好摆脱掉阿波罗的纠缠。不过请注意，此时阿波罗的头顶已经戴上了他的标志物——桂冠，然而这并不符合逻辑，因为他只有在达芙妮的悲剧发生之后才能得到它！

遇见达芙妮

为了纪念达芙妮，阿波罗此后便在头上戴着一顶桂冠。后来，在为致敬阿波罗举行的皮托运动会上，获胜的希腊诗人们也佩戴着相同的标志物。这一传统一直延续至亚历山大大帝，然后又传到了罗马人那里，他们把桂冠当作至高无上的荣誉献给各个领域的优胜者（漫画《恺撒的桂冠》中，阿斯特克斯和奥贝里克斯从恺撒头顶上偷走的那顶除外）。这一象征影响巨大，后来罗马皇帝也沿用了此种标志！到了中世纪，在诗人和学者们取得骑士头衔时，人们把桂冠献给他们。

罗马名：达芙妮
词源："月桂树"
父亲：佩内
母亲：一位仙女

尤利西斯和海妖们，1909 年，德拉波，费伦斯画廊，赫尔。

　　请注意海妖的选角上有一点小错误，这里的海妖显然取材于北欧神话（有鱼尾），而非希腊神话（鸟的身形）。无论怎样，水手们的耳朵都一样被塞好包住，以免听到她们优美的歌声！

英雄史诗

喂！那男的！哎！他是蠢还是怎么着？你能把我们载到米科诺斯岛吗？

喂！聋了吗？怎么回事？

每到夜晚，古希腊人没有电视可以追自己钟爱的电视剧，但却拥有行吟诗人，这些诗人长于歌咏那些深受爱戴的半神和英雄的事迹。行吟诗人坐在守夜的炉火旁，伴着乐器的演奏，在他们收集来的众多受欢迎的主题里搜索着他们的独家记忆，讲出精彩的故事，比如特洛伊战争。因此，观众们或许会要求听赫拉克勒斯完成十二项任务之后的故事，以及迫不及待地想知道尤利西斯是如何完成奥德赛之旅的……那么接下来登场的，就是如同今日漫威或是DC漫画中主人公一样的超级英雄们啦！

赫丘利

古希腊时期最受崇敬的英雄

希腊人习惯称赫丘利为赫拉克勒斯，他被希腊人视为最伟大的英雄。他享有盛誉，功勋卓著，而且奇怪的是，他还是个反英雄式的人物。尽管他性格粗暴，却又充满智慧，惹人怜悯。

英雄的孙儿

赫丘利成为最伟大的希腊英雄并非偶然。他的父亲宙斯想送给人类一位能保护他们的半神，就选择了美丽的阿尔克墨涅做孩子的母亲，因为她是珀尔修斯的后代，拥有他双份的血统（她的父亲和外祖父是两兄弟，都是珀尔修斯的儿子）。阿尔克墨涅当时已经嫁人，宙斯为了进入她的闺房，隐藏身份，伪装成她的丈夫安菲特律翁。他让太阳连续三天不准升起，以此度过了一个漫长……长……的爱之夜。真淘气。

"赫拉的荣耀"

阿尔克墨涅临产时，兴奋难耐的宙斯即宣称，这个孩子降生当日就将成为希腊人的国王。赫拉嫉妒这个私生子，遂设法拖延赫丘利的出生，同时加快自己侄子欧律斯托斯的降生，这样一来，欧律斯托斯便能继承王位。女神觉得仍不保险，又派出两条蛇企图杀死摇篮中的赫丘利。但是这个新生儿已然拥有了大力神般的力气，他抓住蛇并掐死了它们……

一位反英雄主义的英雄

年轻的赫丘利强壮又粗暴，曾做下——而非完成——诸多蠢事（业绩）。比如，他曾操起凳子打死他的音乐老师，只因老师用竖琴打了他（说好的尊师重教呢？啊？恶棍）。还有更恶劣的，他割下了埃尔尼诺斯国王来使的鼻子和耳朵，只因这位国王从他的朋友克利翁国王那里支取了一年的贡赋，给自己打造了……一条项链。呸！克利翁很高兴，就把女儿墨伽拉嫁给了赫丘利，而赫丘利则命埃尔尼诺斯此后每年缴纳双倍的贡赋！

赫丘利勒死尼米亚雄狮，1615年，鲁本斯，私人收藏。

赫拉让我对墨伽拉丧失了理智

赫丘利爱上了墨伽拉，并和她拥有了四个美丽的孩子，他也因此变得温和明理起来。但赫拉心怀恨意，仍不肯放过他，并使出恐怖的手段来折磨他：令其发疯。发疯的赫丘利不仅把自己的孩子当作魔兽杀死，还杀掉了试图保护他的妻子……惊慌失措的赫丘利再也不配拥有宙斯儿子的名号了，甚至不配做人！他去见已经取代他成为国王的堂兄弟欧律斯托斯，祈求自我净化，弥补杀人的罪过。谁知一直嫉恨他的欧律斯托斯，却趁机要求他完成十二项（最初是十项）不可能完成的任务，并亲自评判它们是否被正确地执行！……

嗯，来吧，女人们，我单身，无孩！

希腊名：赫拉克勒斯
词源："赫拉的荣耀"
绰号：马齐斯特（"最伟大、最强壮的"）
父亲：宙斯
母亲：阿尔克墨涅

起初是十项

穿着这一身去时装周，完美！

1号任务：尼米亚的狮子

欧律斯托斯交给赫丘利的第一项任务是去解救尼米亚城邦，那里有一头可怕的狮子，皮毛刀枪不入，连火也烧不坏。赫丘利想了一个办法，徒手勒死狮子！他还发现狮子的利爪是唯一能割开它皮肤的武器，于是用它的爪子将狮子剥皮，为自己做了一副护胸甲，并把狮子的头做成了头盔。欧律斯托斯看到他如此打扮归来，被吓得躲进一个瓮中，决定从此以后只通过信使向赫丘利下达命令。

2号任务：莱尔娜的许德拉

许德拉是一只生活在无底沼泽中的九头蛇，不仅脑袋被砍下后还会重新长出来，而且谁闻到它呼吸散发出的恶臭，也会马上死掉……但赫丘利听从了雅典娜的建议，他把剑烧至白热，灼烧它头被砍下后的伤口，以阻止新的头长出。够狡猾！战斗期间，阴险的赫拉还枉费心机，派来一只巨蟹（螃蟹）想钳住赫丘利，使他分心，但赫丘利将那只蟹一脚踩死。咔嚓！最后，他终于砍净这个不死怪兽的头，并将其埋在巨石之下（在那里它继续发出臭气）。赫丘利还把自己的箭浸在许德拉的毒血之中，为未来的战斗做好了准备。

请嚼块口香糖吧，许德拉。

#地狱级马拉松

长达一年的马拉松

赫丘利

3号任务：刻律涅亚山的母鹿

欧律斯托斯是个蛮不讲理的家伙，他拒绝承认赫丘利完成了杀死许德拉的任务，理由是他得到了外部的帮助……作为替代，他要求赫丘利去捕获刻律涅亚山的母鹿，这头鹿铜蹄金角，跑起来比射出的箭还快。赫丘利还不能杀死它，因为它有女神阿尔忒弥斯保护。赫丘利不停地追随母鹿，直到一年后将它的精力耗尽！他把这头鹿带给欧律斯托斯，后者想把它留在身边看守。由于赫丘利之前已向阿尔忒弥斯保证过会将母鹿释放，就在欧律斯托斯想抓住缰绳的刹那，机灵的赫丘利突然松开了手，并摆出一脸无所谓的样子。

起初是十项

这是为我好友奥伯利最后的宴会准备的!

4 号任务：厄律曼托斯山的野猪

在赫丘利完成第四项任务的过程中，发生了意外，导致了贤者喀戎的死亡。这位马人曾是赫丘利的老师，但他膝盖不幸中箭受伤，而那支箭曾在许德拉的血中浸泡过。剧烈的疼痛使他宁愿放弃永生之身也不想再苟活下去！悲伤的赫丘利跑遍厄律曼托斯山，很快找到了他要猎捕的那头凶残野猪的痕迹。他利用一个覆着白雪的坑洞，给野猪设下一道陷阱，轻而易举地活捉了它，并将其带回。永远懦弱的欧律斯托斯当然又被吓到了，一看见他们，赶紧又回到他的青铜大瓮里躲了起来。

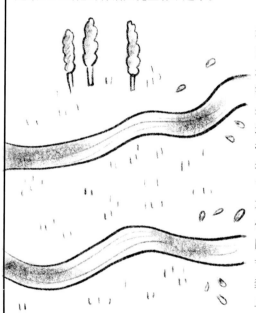

5 号任务：奥吉亚斯的马厩牛圈

赫丘利接到的第五项任务是在一天之内清理完奥吉亚斯的牛圈，那里发出的味道使整个伯罗奔尼撒半岛都臭气熏天。牛圈里养了三千头牛，三十年来从未被打扫过，牛粪甚至已经在地上结成硬壳，布满了整个山谷，甚至阻碍了农作物的生长。聪明的赫丘利改变了两条河的河道，使河水冲过厚厚的牛粪层，把它们带向远方。由于赫丘利胸有成竹，他行动之前就和奥吉亚斯打赌，如果他赢了，奥吉亚斯要将 10% 的牛送给他！不过这一计谋让赫丘利付出了惨重的代价，不仅欧律斯托斯拒绝承认这项任务，因为他向奥吉亚斯收取了酬劳，而且奥吉亚斯也拒绝支付赌注，理由是清理牛粪靠的是河水之力，而非他的本事（赫丘利几年之后狠狠地报复了奥吉亚斯，并要回了他当初不肯给的赌注）！

\# 激情牛粪

6 号任务：斯廷法利斯湖的鸟

赫丘利的第六项任务是消灭斯廷法利斯湖的食人鸟，这种鸟的喙、爪和翅膀都由青铜制成，羽毛也如利箭一般。这些鸟数量极多，在空中飞行时甚至可以遮天蔽日……但赫丘利先是用他的毒剑和狮皮盾牌组合恐吓它们，使它们四散乱飞，然后他向鸟群射箭，锋利的鸟羽亦如利箭四射，于是它们开始互相残杀！# 这项任务算是完成了。

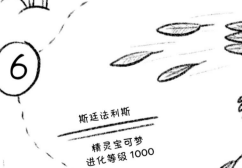

斯廷法利斯

精灵宝可梦
进化等级 1000

起初是十项

⑦

"每个人都去冲浪啦，冲浪美国。"（歌曲《冲浪美国》中的歌词）

7 号任务：克里特岛上美丽的公牛

赫丘利的第七项任务是去捕获克里特岛上的一头白色公牛。这头公牛是当初波塞冬为帮助克里特国王米诺斯竞争王位而赠予他的，米诺斯允诺事后会把公牛献祭给海神。但这头公牛实在是太漂亮了，米诺斯改了主意，想自己帮他照管。波塞冬为此狠狠报复了这位国王。他让国王的妻子帕西法厄爱上公牛……甚至怀上了它怪物般的孩子米诺陶洛斯！如今这头公牛在克里特岛肆意横行，鼻孔喷火，牛蹄践踏土地。赫丘利为了制服它，跳上它的脖颈，骑着它一路穿越海洋，直抵欧律斯托斯的宫殿（他一如既往，又跑走躲起来了！）。"你的坐骑挺好看的呀。"

8 号任务：捕获狄俄墨得斯的食人母马

欧律斯托斯派给赫丘利的第八个任务，是捕获德拉斯国王狄俄墨得斯的几匹食人母马。狄俄墨得斯是一个可怕的东道主，他会把自己的客人喂给他的母马吃，食人肉啊……不过赫丘利让国王为此付出了代价，他把国王当作饲料喂给了这些母马。干得漂亮！然后他又把这些凶残的母马带回了奥林匹斯山。据说亚历山大大帝著名的战马布塞法拉斯就是这些母马的后代……

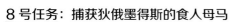

我感觉上颚肿胀！

9 号任务：希波吕忒的腰带

赫丘利要完成的第九个任务是欧律斯托斯女儿的一个心愿。这个爱打扮的女人觊觎亚马逊女王希波吕忒的金腰带，那是女王的战神父亲阿瑞斯送给她的。幸运的是，希波吕忒爱上了赫丘利，主动把金腰带当作信物送给了他。然而，奸诈的赫拉监视着这一切。她乔装成亚马逊人，散布谣言说赫丘利正在策划一个刺杀女王的阴谋。亚马逊女人们于是对赫丘利发起了攻击，在战斗中，希波吕忒不幸死去……而赫丘利带着金腰带逃走了。就这样，这项任务以一场不必要的悲剧为代价完成了。

⑨

10 号任务：对战革律翁

　　赫丘利的第十个任务是一件阴险恶毒之事：偷走革律翁的羊群。革律翁是地球上最强壮的人，有三颗脑袋、三个身子、六只手，住在直布罗陀海峡附近。赫丘利这次采用了激进的方式，他先是敲碎牧羊犬的脑壳，又敲碎了牧羊人的脑袋，然后瞄准革律翁的侧面射出一箭，一下射穿了他的三个身子。就这样，他带回了羊群，一路上遇到无数敌人企图劫掠他，少不了又是一顿打打杀杀！

死的这些人都是因为这些羊。看到了吧，就这么个情况。

BÊÊÊH

小可爱

11 号任务：摘取赫斯珀里得斯花园的苹果

　　赫丘利的第十一个任务是找到巨人阿特拉斯女儿们的花园，并摘取金苹果。这座花园名叫赫斯珀里得斯。阿特拉斯向他承诺可以帮他摘到金苹果，只要他在自己去摘苹果的时候帮忙擎住天空。于是，有点天真的赫丘利顶替了阿特拉斯的位置，结果阿特拉斯刚一松手就承认自己说了谎，而赫丘利将永远扛下这份重担！卑鄙的家伙。不仅如此，他还很过分地拿着金苹果当面嘲弄赫丘利。赫丘利假装屈从了他，请求他帮忙调整一下天穹在肩膀上的位置。好嘛，阿特拉斯的肩膀刚一伸过来，赫丘利就又把天穹交还给了这位提坦巨人，一个比一个幼稚！

金苹果
35000 欧元/公斤

您先。

不，您先。

您先请。

12 号任务：带回刻耳柏洛斯

　　赫丘利的最后一个任务也是最难完成的一个。事实上，欧律斯托斯一想到他的堂兄即将成功，内心就无比愤怒，他决意孤注一掷，只为让赫丘利败下阵来。于是他命赫丘利去往地府，带回可怕的看门犬刻耳柏洛斯。刻耳柏洛斯？那只三头怪兽？但欧律斯托斯太不走运了，因为赫丘利轻而易举就完成了任务！他狠狠地给了那恶狗一棍子，它即刻缩成了一只无害的三头小幼犬。赫丘利终于能松下一口气了，他把看门犬装进口袋里，带回给欧律斯托斯，他一如既往被吓破了胆，只是这一次，他不得不承认自己被打败了！

让人痛心的英雄之死

　　完成了所有这些壮举之后，赫丘利的死显得尤为让人痛心。他带着第三任妻子德伽妮穿过一条水势汹涌的河流时，遇见一位名叫涅索斯的马人。涅索斯说自己可以帮忙背德伽妮过河，可阴险的他却趁赫丘利过河时企图强暴她。赫丘利马上用一支沾了九头蛇许德拉之血的毒箭射死了他。但马人临死前仍不忘复仇，他把自己沾着血污的长衣交给德伽妮，谎称这件长衣可以保证她丈夫对她的忠贞。事实上，当德伽妮让赫丘利穿上长衣时，长衣剥去了他的肌肤，而且他再也无法脱掉……剧痛难忍，赫丘利遂决定架起柴堆将自己烧死，而绝望至极的德伽妮也随即上吊自杀了……今日，"涅索斯的长衣"这一短语依然代表着有毒的礼物！

赫丘利之死，1634 年，苏巴朗，普拉多美术馆，马德里。

遇见赫丘利

在流行文化中

　　对于艺术家们来说，赫丘利是一个很特别的人物形象……许多艺术作品都着力于表现他的英雄事迹。#各有千秋。比如，戈西尼创作的漫画《高卢英雄历险记》；而在漫威漫画中，赫丘利被塑造成了绿巨人浩克的朋友。他甚至还被搬上过大银幕，由施瓦辛格或是道恩·强森饰演：就是那种因为有（或者没有）精湛的演技和戏剧深度而闻名的演员！

在空中

　　在完成任务的过程中，赫丘利表现出了强大甚至超凡的能力，因此同样超凡的飞行家兼商人霍华德·休斯决定把自己最震撼的大飞机命名为"H-4赫丘利"号。他可不是说着玩的，时至今日，这架水上飞机仍是世界上最高的飞行器（25米！），而且拥有飞机史上最长的翼展（98 米！）……比较一下，空客A380的翼展也只有 80 米。

在宇宙中

　　"是巨人，赫丘利在空中。"在迪士尼一部著名的动画片里，缪斯女神们这样唱着。她们万万没想到，真的被她们言中了。星空中第五大星团就被命名为……赫丘利（武仙座）！还有更厉害的，1935年，国际天文学联合会决定为月球上那些可见的环形山命名时，我们的英雄也占有一席之地……而地点就位于被他愚弄过的老朋友阿特拉斯西面。

《赫丘利》在纽约的拍摄现场，电影由施瓦辛格主演，1969 年。

H-4 赫丘利号，彼得·纽瓦克美国影业，私人收藏。

伊阿宋

雅典主要英雄之一

伊阿宋由最睿智的马人喀戎教育长大，他的身边集结了包括赫丘利在内的五十位勇士，他们被称作阿耳戈英雄。伊阿宋作为首领，带领他们踏上了寻找金羊毛的危险之旅。金羊毛来自一只会飞的山羊，由一条巨龙看守着……

伊阿宋毒死巨龙，17世纪，罗萨，圣路易斯美术馆，密苏里州。

罗马名：伊阿宋

词源："医治者"

父亲：埃宋，色萨利某城邦的国王，风神后代。

母亲：波吕墨涅

独角兽后面，跟着会飞的山羊。# 可爱！

马人喀戎的监护

伊阿宋的父母本来统治着色萨利地区的伊俄尔科斯城，但他的叔叔珀利阿斯（波塞冬与一位仙女之子）篡夺了王位。由于担心这位叔叔会对儿子下毒手，伊阿宋的父母从他出生起就散布消息，说婴儿已死在襁褓中，甚至还举行了葬礼。事实上，他们把儿子送到了最优秀的马人喀戎那里，喀戎后来把他培养成一位非常厉害的战士。当伊阿宋年满十六岁时，喀戎告诉了他王室后裔的身份……于是，这个年轻人决意回去重夺王位。

唯一的鞋子和老太婆

就在伊阿宋重返王国的路上，他遇见了赫拉伪装的老太婆。女神请求他帮自己过河，不知情的伊阿宋于是把她背在背上涉水而过，甚至还为此弄丢了一只鞋子。当他穿着一只鞋子抵达父母从前的王国时，王国正由他的叔叔珀利阿斯统治。他的叔叔早已听过一则神谕，说会有一位风神的后代穿着单只鞋子前来，置他于死地。# 危险。

HAA AA

您少穿了一只鞋子，我的大人。

P

（一个恐神症患者的日常）

不想让你好过的叔叔

如同所有希腊人一样，国王珀利阿斯也畏惧诸神。但伊阿宋既是客人，又是自己的侄子，若在这天（这天刚好是一个节日）杀掉他，那在诸神眼中便是犯下三重罪过。杀害家人、违背待客之道、祝圣节日期间，都是杀人的禁忌。该死！于是当伊阿宋提出归还王位的要求时，珀利阿斯假意接受，但狡猾地向他提出了一个不可能完成的任务来作为交换条件：找到金羊毛。金羊毛原本属于一只会飞的山羊，当初是由宙斯派出来执行任务的。如今羊皮被挂在一棵树上，地处遥远的国度，由一条巨龙看守。

阿耳戈的航海英雄

你相信年轻气盛的伊阿宋会拒绝这个充满陷阱的任务吗？绝不可能，他还为此兴奋呢！但他足够明智，为自己征募到五十位勇士，这些人都是被这项任务的挑战性和荣誉感吸引的。他们中有赫丘利、俄耳甫斯，还有卡斯托尔和波鲁克斯。紧接着，他命人建起一艘华丽的大船，由赫拉暗中保护，船上还配有对话和远眺装置，以便穿越海洋。这艘船被命名为"阿耳戈号"（特快之意）。因为"Naute"这一词尾有"航海者"之意，所以他们在这趟远征之旅中又被称为"阿耳戈的航海英雄"（Argonautes）。帆桨战船和单排桨手帆船一时流行起来。

古希腊神话中的英雄

《伊阿宋和阿耳戈英雄》，唐·查菲导演，托德·阿姆斯特朗主演，1963年。

悲剧？漫画？

很多伟大的文学作品都取材自金羊毛的故事。例如高乃依的同名悲剧《美狄亚》，就是这一故事的衍生品。不少漫画也有金羊毛的元素，例如在1955年出版的连环画中，唐老鸭的侄子粒粒、飞飞和路路就经历了另类的"寻找金羊毛之旅"。再如1961年出品的第一部由《丁丁历险记》改编的电影，就叫……《丁丁与金羊毛之谜》！可见这一主题在艺术创作领域被运用得多么广泛！

阿耳戈号，电影与星座

南船座的名字就源自伊阿宋的大船（南船座被划分成四个小星座：船帆座、船底座和船尾座、罗盘座，很符合实际情况），不仅如此，2013年奥斯卡最佳影片《逃离德黑兰》片名也源于此，这部影片由本·阿弗莱克导演，取材于一个真实故事：1980年，几个美国人为了救出被扣留在伊朗做人质的美国使馆人员，伪装成加拿大的电影人，谎称正在拍摄一部有关阿耳戈英雄的科幻电影……

骑士团

在骑士荣誉中，金羊毛骑士团勋章是最为人熟知和享有盛誉的一种表彰。这一荣誉奖项由勃艮第公爵菲利普三世在1430年创立，至今在西班牙仍有保留！自此，每年我们都能看到大贵族们聚集在一起，项链上挂着一枚饰有金羊毛的勋章。后来菲利普三世的曾孙查理五世又将这一勋章的获得者确定为五十一人，以此纪念伊阿宋与他的五十位阿耳戈英雄！

菲利普三世，戴着一条饰有金羊毛勋章的项链。

伊阿宋和阿耳戈英雄

显然，若寻找金羊毛之旅轻而易举，也就不配享有盛誉。事实上，此行非常艰难，伊阿宋甚至不得不面临高乃依式的抉择：在荣誉和胜利之间作出取舍。

好一群英雄

在阿耳戈英雄们成功抵达目的地科尔基斯之前，他们着实经历了无数次的冒险奇遇。比如，他们从哈尔庇厄手中解救出了老国王费内，这位国王同时也是一位失明的占卜者。哈尔庇厄是一群恶臭的怪兽，每当老国王准备进餐时，它们就会过来糟蹋掉他的食物。作为回报，费内告诉了阿耳戈英雄们如何才能顺利通过博斯普鲁斯海峡，那时海峡处有可移动的岩石，当有船只想冒险通过时，岩石就会合拢。可自从阿耳戈号通过海峡以后，岩石就不再移动了。我们该谢谁呢？

博斯普鲁斯的败类

阿耳戈号上的伊阿宋与英雄们，1918年，私人收藏。阿耳戈号从移动的岩石间冲过海峡，它刚一通过，岩石就合拢了，只有船尾处受到了一些损伤。

在每一个伟大的男人背后，都有一个女人

最终，阿耳戈英雄们成功抵达了科尔基斯岛上的埃厄忒斯王国。正如我们想象的那样，埃厄忒斯根本不愿意让伊阿宋带着金羊毛离开，但他假装接受，前提是作为交换，英雄们先要完成两项不可能完成的任务：

1. 用两头铜蹄且能喷火的公牛犁地。
2. 播种，然后打败斯巴达战士，也就是所谓"龙牙兵"。

然而，埃厄忒斯未曾料到的是，他的女儿美狄亚爱上了伊阿宋，还指引他完成了这些任务。

香肠准备好啦！

伊阿宋和阿耳戈英雄

伊阿宋和美狄亚，1907 年，沃特豪斯，私人收藏。

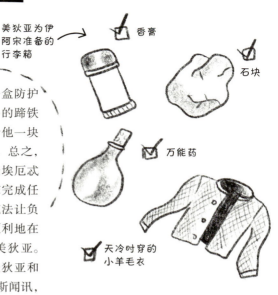

美狄亚为伊阿宋准备的行李箱

- 香膏
- 石块
- 万能药 ☑
- 天冷时穿的小羊毛衣 ☑

美狄亚一直在帮我 ✗

懂法术的美狄亚给了伊阿宋一盒防护香膏，可以抵挡烈焰的灼烧和公牛的蹄铁（实用啊），更厉害的是，她还送给他一块能引起斯巴达人相互仇杀的石头。总之，她把所有的活儿都干了！她的父亲埃厄忒斯知道后非常愤怒，拒绝在伊阿宋完成任务后把金羊毛交给他。美狄亚又施法让负责看守的巨龙沉睡，伊阿宋于是顺利地在夜里偷走了金羊毛。太能干了，美狄亚。拿到珍贵的战利品后，伊阿宋、美狄亚和阿耳戈英雄们一起逃走了，埃厄忒斯闻讯，立即乘船追赶他们。

肆无忌惮的美狄亚 ✗

在海上追逐中，美狄亚暴露了内心极其阴暗的一面。她让她的哥哥登船，然后将他剁成了碎块，抛在船舷边上，这使她父亲陷入了两难：是为儿子收尸还是继续追赶美狄亚和伊阿宋……国王最后还是作出了更为人性的选择，因为他想为自己的儿子举行一个葬礼。就这样，伊阿宋安然无恙地回到了自己的王国，不过他很快发觉，他的叔叔利用他不在的这段时间已经杀了他的全家。卑鄙的家伙。这一回又是美狄亚为他打破了僵局，她配制了一瓶药水，把那个邪恶叔叔的肉体烧至沸腾……

我是国王……可你在看什么呢？

我哥哥，被切成碎块了……

✗ 不该惹恼美狄亚

美狄亚为帮助伊阿宋脱离困境，不惜一再作恶，而伊阿宋也乐得利用她的手段，还让她为自己生养了三个孩子。但十年后，伊阿宋为了一个年轻富有的公主抛弃了她。可怜的疯子美狄亚为了向伊阿宋复仇，毫不犹豫地杀掉了他们的孩子，之后便独自消失了。伊阿宋之死映照了他自身的命运，英雄的终点并不荣耀：在被搁浅的阿耳戈号上，腐烂的船首忽有木头坠落，砸中了正在凝望它的伊阿宋。

你老婆好像有点不高兴啊。

哦，没事。过阵子她就好了。

俄耳甫斯

最伟大的音乐家

作为一个四处旅行的英雄，俄耳甫斯可能是世界文化史上最著名的音乐家。人们都说他的歌声十分悦耳，就连石头也为之哭泣，树木也为之动容，动物也为之叹息……

冥府中的俄耳甫斯和欧律狄刻，19世纪初，富格，官邸画廊，萨尔茨堡。

阿波罗的七弦里拉琴

俄耳甫斯本是色雷斯国的年轻王子，但他很快就因自己令人难以置信的美丽歌喉名震整个希腊，他唱出的旋律之美，令世间所有生灵为之沉醉。音乐之神阿波罗闻讯，也亲自跑来聆听，并深深地被他的歌声所震撼，于是他决定把自己最珍爱的乐器赠予俄耳甫斯，也就是那把赫尔墨斯小时候制造出来的七弦里拉琴。俄耳甫斯为了纪念缪斯九女神之一的母亲，决定把里拉琴的琴弦增至九根，此后他便与这把琴形影不离。

阿耳戈英雄，海妖诱惑者

作为一位喜欢四处旅行的英雄，俄耳甫斯加入了伊阿宋寻找金羊毛的冒险。他被任命为阿耳戈号的"尾桨手"，也就是说，他需要用歌声控制划桨手们的动作与节奏。这个职位意义不大？才不是呢，当他们遭遇塞壬女妖袭击时，是俄耳甫斯救了全船人的命。女妖们凭借歌声诱惑这些男人，想把他们带走并吃掉。但俄耳甫斯歌声的美妙超越了她们那简单的旋律。女妖们不仅神魂颠倒，甚至还为了聆听他的歌唱而互相残杀，再无进攻之意……

冥府之旅

俄耳甫斯后来爱上了美丽的山林女仙欧律狄刻。然而结婚当日，欧律狄刻却被一条蛇咬死了。悲痛万分的俄耳甫斯跑到冥府寻找她，他用自己充满魔力的音乐将那头可怕的看门犬刻耳柏洛斯催眠，才终于站到了冷酷的冥府之神哈得斯的面前。哈得斯听到他的音乐，浑身发抖打战。他石头一般的心也一点点软了下来，忽然，他流下了两行从未有过的泪水：铁泪。

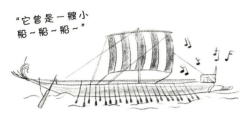

"它曾是一艘小船~船~船~"

手绢
一次性用品

欧律狄刻，黑暗中的幽影

就这样，被打动的哈得斯破例同意让俄耳甫斯带着他的爱人离开冥府，但神祇提了一个条件：在抵达人间之前，俄耳甫斯绝不能转身去看欧律狄刻的影子。惊慌不安的俄耳甫斯一路头也不回地向着出口走去，然而欧律狄刻毫无声息的脚步让他忧虑：她真的跟在后面吗？就在即将跨越冥府门槛的那一刻，他不确定她是否跟上，他无法一个人离开，于是忍不住朝着肩头的方向瞥了一眼。结果，不幸的事发生了！欧律狄刻哭泣着化为灰烬，永远消失了。

遇见俄耳甫斯

音乐领域——第一歌剧

在漫长的歌剧史中，第一部伟大的作品就是以俄耳甫斯为主题创作的，这真是再公平不过。事实上，蒙特威尔第在 1607 年创作了《奥菲欧》，那时距离史上第一部歌剧，即雅克布·佩里创作的《欧律狄刻》也只过去七年而已。此后，海顿和格鲁克也贡献出了同一主题的歌剧，尤其是到了 1858 年，奥芬巴赫在前人的基础上对此剧又做了一次绝妙的戏仿！

宗教领域——俄耳甫斯教

在希腊，从公元前 6 世纪起，社会上就掀起了一场以俄耳甫斯为名的重要的流行思潮（因为隐秘而鲜为人知），有人甚至认为它已经预示了后来基督教的出现。俄耳甫斯教的信徒们反对希腊社会和宗教信仰，他们认为凡人的不朽灵魂会不断转世，除非他遵循某种秘密宗教仪式以抵达神祇国度，在那里灵魂会被净化……与此同时，每一个死者都应该背诵祷文，然后被接纳入教，只有这样才能像俄耳甫斯一样走出冥府，去经历他的下一段人生！

罗马名：俄耳甫斯
父亲：奥阿格罗斯，色雷斯国王
母亲：卡利俄珀，史诗女神
妻子：欧律狄刻

俄耳甫斯之死，1866 年，列维，奥赛美术馆，巴黎。

当酒神节的狂欢蔓延至色萨利时，俄耳甫斯正在那里，他不仅拒绝敬奉这位神祇，还批评他的疯狂女祭司们把人类作为祭品的做法，且大肆宣扬与其对立的信仰（俄耳甫斯教）。为了替酒神报仇，女祭司们将他碎尸万段。他的头颅在莱斯沃斯岛被重新发现并完好地保存下来，在充满诱惑地歌唱。

狄俄斯库里兄弟：卡斯托尔和波鲁克斯

双子座，假孪生兄弟

双子座的原型卡斯托尔和波鲁克斯，在传说中并非真的孪生兄弟。因为波鲁克斯是宙斯的儿子，有不朽之身，而卡斯托尔是国王的儿子，只是个凡人。这一身份的不同本可能让两人关系紧张，但实际上却拉近了他们的感情，他们甚至成了好兄弟的化身。

"根本就不该邀请他们来！"

留基伯的女儿们被劫走，1617 年，鲁本斯，老绘画陈列馆，慕尼黑。

双子座非孪生子

狄俄斯库里兄弟的出生在希腊神话中算是一桩奇案。宙斯爱上了美丽的斯巴达王后丽达，他变成一只天鹅，趁其不备时去引诱她。甚至还未恢复人形，宙斯就以天鹅之身直接与她结合了（爱情不等人啊）。而丽达在当天早些时候已经与丈夫亲热过，所以她同时怀了两个人的孩子。一对儿女卡斯托尔和克吕泰涅斯特拉，是她丈夫廷达瑞俄斯的，另一对儿女波鲁克斯和海伦，是宙斯的，他们兄弟俩可以算作孪生，但却不是来自同一个父亲！竟有这样的事。

等一下……你是谁的儿子？!

冒险之旅

虽说同母异父，但这对兄弟相处得却极为融洽，尤其愿意一起参加各种新奇的冒险。两人谁也离不开谁，而且各有各的看家本领：卡斯托尔擅长骑马，波鲁克斯拳法无敌。他们还以勇气闻名，伊阿宋后来非常高兴地接待了他们，并欢迎二人加入他的阿耳戈英雄之列一起远征。他们还参加过卡里登的狩猎大战，在那里追捕一只阿尔忒弥斯派来的愤怒的野猪。危险重重？他们乐在其中！

婚礼破坏者

某天，卡斯托尔和波鲁克斯受邀参加阿耳戈号同伴中另外一对孪生兄弟伊达斯和林赛的婚礼，结果他们俩竟各自爱上了人家美丽的未婚妻……更过分的是，他们甚至劫走了这两个年轻的女孩。我们可想而知这两个未婚夫何其愤怒！他们追逐两兄弟，其中一个未婚夫最后杀死了卡斯托尔。宙斯自然站在双子座兄弟一边，就在波鲁克斯欲为卡斯托尔报仇时，宙斯给了那个凶手一记闪电。可波鲁克斯仍然心痛难平，无法从手足之死的阴影中走出来，宙斯于是答应了他一个奇怪的心愿：每隔一天，就让他与卡斯托尔交换一次永生之身！半时之神。

罗马名：卡斯托尔和波利得科斯
词源：狄俄斯库里兄弟，"宙斯的年少儿子们"
父亲：波鲁克斯的父亲是宙斯，卡斯托尔的父亲是廷达瑞俄斯（斯巴达国王）
母亲：丽达，斯巴达王后

倘若有人对这场婚礼提出异议，请现在说出来，否则就请永远保持沉默。

我们！

我们！ 我们！

罗马，卡比托利欧山

卡比托利欧山是罗马中心区最重要的一座山丘，在山顶的台阶上矗立着两座狄俄斯库里兄弟的巨大塑像，不禁使人想起这对孪生兄弟在罗马的传说。他们曾参与缔造罗马城的雷吉鲁斯湖畔战役（公元前499年），这一战为罗马人赢得了对拉丁人的统治。广场上的朱图尔纳泉饮马，或许正标志着他们对这座城市的占领。从背影看过去，人们可能对两人奇怪的圆锥状帽子颇感好奇，事实上，它们是蛋壳的象征……这兄弟俩原本就是自蛋壳里生出来的，定是此意！

狄俄斯库里兄弟雕像，卡比托利欧广场，罗马。

在古典文化中

狄俄斯库里兄弟的影响可不仅仅停留在黄道十二宫里（双子座，5月21日—6月21日）。虽说这已经够厉害的了，但他们的身影还出现在众多戏剧作品中，其中最为著名的要数拉莫伟大的代表作《双子星座卡斯托尔与波鲁克斯》（他于1737年和1754年各创作了一个版本）。作品讲述了波鲁克斯因哥哥之死内心的撕裂，一方面他想哀求宙斯让卡斯托尔复活，另一方面又想娶深爱卡斯托尔的泰拉伊尔为妻。事实上，如果他把自己的神祇身份与卡斯托尔共享，那么卡斯托尔就将迎娶自己心爱的人……高乃依式的抉择！

斯巴达的保护者

既然狄俄斯库里兄弟在神话故事中被塑造成了斯巴达王后的儿子，那么他们在这座城邦中自然会受到特别的尊崇。人们甚至还由此创立了一种独特的斯巴达式政体：双头政治，也就是两个国王同时存在。不仅如此，在斯巴达人奔赴战场期间，还会携带一柄双面权杖作为他们的象征，并用来守卫军队。

在流行文化中

在流行文化尤其是电影里，卡斯托尔和波鲁克斯的形象经常被用来表现人物的孪生特性。比如，在《饥饿游戏》（2012年）中，站在凯特尼斯一边的十三区反抗军里的那对孪生兄弟就被命名为卡斯托尔和波鲁克斯。还有更妙的，在《变脸》（1997年）里，当约翰·特拉沃尔塔饰演的西恩变脸成他的死敌卡斯托尔·特洛伊时，发现他死敌的弟弟就叫波鲁克斯·特洛伊……相反，在动画片《神奇的旋转木马》中，大家一直在寻找小狗波鲁克斯的孪生哥哥！#失望！

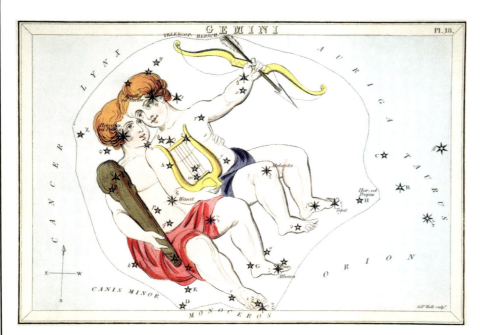

表现双子星座（双胞胎卡斯托尔和波鲁克斯）的版画作品，1825年，豪尔，《乌拉尼亚之镜》，伦敦。

变脸

"抱歉，特拉沃尔塔先生，我应该和卡斯托尔先生换脸的。"

忒修斯

雅典第十任传奇国王

忒修斯作为雅典第十任传奇国王，理应是这座城邦中最受人爱戴的英雄。然而，如果说在起初阶段他的种种冒险经历还让人对他心生好感，那我们很快就会察觉，他其实是个实打实的浑蛋……

忒修斯重新找到了他父亲留下的剑，1638 年，普桑和勒梅尔，孔代美术博物馆，尚蒂依。

我的父亲是个骗子

忒修斯的父亲雅典国王埃勾斯是一个老骗子。当初，他因没有子嗣而绝望，于是去拜访自己的朋友，也就是特罗曾的国王。国王的女儿埃特拉生得十分美丽，埃勾斯于是把她带到一座小岛上，先占有……然后又果断抛弃了她。然而，他担心万一公主怀上一个儿子，而这个儿子又配得上"做他的子嗣"（一切取决于事态发展），于是他留下一只凉鞋和一把剑，把它们藏在一块巨石之下。他告诉公主，当有一天这个儿子长大到可以继承王位时，就让儿子带着这两样东西去找他。呃，好吧……

我的继母是下毒者

当忒修斯年满十六岁时，母亲把他的身世告诉了他。在此以前，他一直以为自己是波塞冬的儿子，现在他知道了他真正的父亲是雅典国王埃勾斯。母亲指给他那块巨石，他轻松搬起，然后拿着鞋子和剑直奔父亲的王国去了。不幸的是，他的父亲早已娶了一位和他一样狡诈的新欢：美狄亚。这个不久前刚被伊阿宋抛弃的女人，现在决定要悄悄毒死这位令人讨厌的继承者。然而，就在忒修斯即将喝下毒药时，埃勾斯认出了忒修斯带来的那把剑和那只凉鞋。好悬啊！

感谢您的邀请，我带来了鲜花、一把剑和一只凉鞋。

要么杀死米诺陶洛斯，要么被它杀死

埃勾斯很高兴与儿子重逢，他赶走美狄亚，准备把王位传给忒修斯。但忒修斯得知雅典人每隔九年就要向克里特国王米诺斯做一次可怕的献祭，祭品则是七对童男童女，他们会作为食物被怪物米诺陶洛斯吃掉。而这一灾难又源自埃勾斯当初的恶行。他曾出于妒忌，杀害米诺斯的儿子，因为后者在雅典娜女神节上赢得了太多的奖项！反抗者忒修斯自告奋勇去做献祭者，实则想找机会除掉米诺陶洛斯，他打定主意，即使身死也在所不惜。埃勾斯想劝他打消这个念头，却是徒劳……

说定了，阿里阿德涅，我会娶你

当忒修斯抵达克诺索斯港准备献祭时，克里特国王的女儿阿里阿德涅爱上了他，简直比火箭还迅速。她想救忒修斯的命，为此不惜背叛她的父亲和同母异父的兄弟米诺陶洛斯。只是她要忒修斯答应自己，如果忒修斯能活下来，就要带她离开并娶她为妻。内心狂喜的忒修斯立即答应了她。阿里阿德涅于是向迷宫的制造者代达罗斯请教活着从迷宫中走出来的方法，代达罗斯给了她一个线团，它将帮助忒修斯找到迷宫的出口……

阿里阿德涅把一个线团递给忒修斯，好帮助他离开迷宫，19世纪初，贝拉基，博洛尼亚现代艺术博物馆。

狄俄尼索斯和阿里阿德涅，1619—1620年，圭多·雷尼，洛杉矶美术馆。
"你瞧，当时他就站在那里对我说：'你别动，我会回来的。'……结果我就这么一直等着。"

不行，阿里阿德涅，我不能娶你

忒修斯轻松杀死米诺陶洛斯，又利用线团走出了迷宫，随后他就带着阿里阿德涅逃走了。然而，这个忘恩负义的小子一逮着机会就把阿里阿德涅抛弃在了一座荒岛上。真是混蛋！幸运的是，阿里阿德涅正在哭泣之时，遇见了酒神狄俄尼索斯。他怜悯她，安慰她，并逐渐爱上了她，再后来便娶了她为妻。一位神祇取代一个粗人：阿里阿德涅还算有福气！

"我已准备好参加《兰达岛》冒险真人秀了。"

我是如何干掉自己父亲的

忒修斯可没停下愚蠢的脚步：他父亲曾经嘱咐过他，如果他能活着回来，返航时就在船上挂起白帆，使人远远就能望见，作为好消息的信号。或许是他忙着抛弃阿里阿德涅，就把父亲的叮嘱忘了，或许是他有意想让老父亲心脏病发作，自己赶紧继承王位，总之，忒修斯让手下挂着黑帆返航了。埃勾斯以为儿子已死——国王毕竟也有错，就是因为他，雅典人才不得不作为贡品被进献给米诺陶洛斯——于是他从一处悬崖跳下，自杀身亡了。糊涂虫啊！

菲德拉和伊波利特，1815年，盖兰，波尔多美术馆。
伊波利特拒绝接受菲德拉的控诉。

等等，我想不起来了，你是那个谁的妹妹？谁来着？

罗马名：忒修斯
父亲：埃勾斯，雅典国王
母亲：埃特拉，特罗曾国王的女儿，阿尔戈里斯岛
妻子：阿里阿德涅，安蒂奥佩和菲德拉

嘿！让我回去吧。那条法律是错的！

OUT

我老婆当初是怎么想要背叛我的

回到雅典之后，忒修斯陪同赫丘利来到亚马逊女战士那里，迎娶了自己的王后安蒂奥佩，并与她生下了儿子伊波利特。安蒂奥佩死后，忒修斯又动了粗鄙的念头……他竟又娶了阿里阿德涅的妹妹菲德拉！结果他狠狠地遭到了报应，并差点被戴了绿帽子。事实上，因为他的儿子伊波利特喜欢阿尔忒弥斯，却鄙视阿芙洛狄忒，爱神出于报复，就让菲德拉深深地爱上了她这位继子……不过愤怒的伊波利特拒绝了他的继母，为逃避她离家出走了。

我是怎么干掉自己儿子的

出于报复，同时也是害怕伊波利特把真相告诉他的父亲，菲德拉先下手为强，控告伊波利特企图强暴自己。真经典啊！忒修斯气愤至极，遂请求波塞冬诅咒自己的儿子。伊波利特沿海驾驶马车时，波塞冬命一个海妖去吓唬他：马匹脱缰了，可怜的伊波利特被马车拖到了悬崖边的岩石上，死得很惨……菲德拉得知这一消息后，怀着巨大的懊悔与悲伤自缢了。（阿斯克勒庇俄斯被这位年轻人的死深深触动，后来让他复活了。）

我是怎么被自己的城邦驱逐的

忒修斯曾是一位非常优秀的国王（真没想到啊！），雅典在他的领导下富强有序，然而他临死前却并未得到应有的回报。雅典人通过选举与他刚创建不久的驱逐机制，把他给撵走了……太讽刺了！他最后远离雅典，客死他乡，这一不公境遇，是他平生唯一一次不该承受的！

蓝色爱琴海

曾经，爱琴海是长期被古希腊各城邦包围着的，无论是东面还是西面。如果你熟知地理，或许会跳出来说："才不对，好好看看，爱琴海的东面明明是土耳其！"事实上，土耳其在古希腊时代也是属于希腊的，人们当时把这块地方称作"小亚细亚"。时至今日，这个国家仍到处是古希腊时代留下的遗迹！话说回来，忒修斯的父亲就是跳进了这片海中，从此人们便以他父亲的名字命名了这片海域（爱琴海和埃勾斯的希腊语相同）！也算是对他的一点安慰吧！

拉辛的《菲德拉》(又名《费德尔》)

拉辛于 1677 年创作的五幕悲剧《菲德拉》是他最钟爱的作品。在他看来，菲德拉是完美的悲剧女主角，而这部戏剧的故事情节也完全仿照希腊神话，很适合在道德方面教化观众。古罗马哲学家塞内克也曾以菲德拉的故事为原型创作了一部戏剧。事实上，这段传奇的主题（把种种欲望视为灵魂的疾病）是非常适合在精神和哲学层面对大众进行道德说教的！

阿丽亚娜系列火箭

阿丽亚娜系列火箭计划于 1973 年启动，是由法国国家空间研究中心提议发起的一项意义重大的太空计划。起初，有众多备选名字（凤凰、织女、天琴、天鹅）被呈于当时的工业与科学发展部部长面前。然而这位出身于法国高等师范学校和国立行政学校，又做过历史老师的部长，由于深深着迷于希腊神话，遂决定说，尽管这些备选名字都非常棒……但他更喜欢狄俄尼索斯那位美丽动人的妻子之名阿丽亚娜（阿丽亚娜是阿里阿德涅的法语译名）。还真是一个朱庇特式的选择！

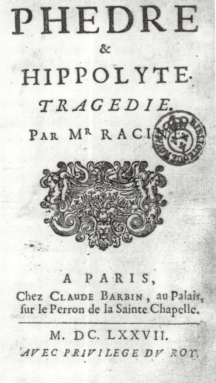

《菲德拉》的扉页，拉辛。

阿丽亚娜火箭发射。

珀尔修斯

宙斯的英雄儿子

珀尔修斯是古希腊时代最讨人喜欢的半神，他砍掉了恐怖的戈尔贡女妖美杜莎的头，这一事迹令他广为人知。随后他又勇斗海怪，从它口中救出了美丽的安德洛墨达，并娶她为妻……

珀尔修斯与安德洛墨达，1891 年，莱顿，国家博物馆，利物浦。

被锁进箱子里的珀尔修斯

珀尔修斯是美丽的公主达娜厄之子，公主的父亲是阿尔戈斯国王阿克里西俄斯。国王曾收到一道神谕，说有一天他会被他的外孙杀死。为防止女儿怀上孩子，国王将其幽禁在一座塔楼里。然而，宙斯爱上了美丽的达娜厄，并化作一瓢金雨与她交欢，就这样，他们孕育了珀尔修斯。国王知道真相时为时已晚，达娜厄已经做了母亲。愤怒的阿克里西俄斯遂将这对母子关进一个箱子扔进大海，期盼着他们就此消失……

美杜莎，你看得见我，你看不见我

后来，珀尔修斯与母亲漂到一座岛屿的浅滩上，当地国王想娶达娜厄为妻，珀尔修斯为了阻止此事，便答应国王帮他取下美杜莎的头颅。美杜莎是戈尔贡三姐妹中唯一一个无法永生的怪物。赫尔墨斯帮珀尔修斯弄到了隐身头盔，又借给他带翅膀的鞋子和帽子。美杜莎的目光会让人变成石头，雅典娜便传授给他应对之策：接近她时，只需从盾牌的反光中盯着她，再趁她熟睡时砍下她的头。#机智！

"要是当初把这项任务交给那喀索斯。"

安德洛墨达，你是我的星星

珀尔修斯刚一砍下美杜莎的头，就看到一匹飞马冒了出来，原来它一直被封印在美杜莎的血液里。由于母亲还在岛上，珀尔修斯很快踏上归途，但路过埃塞俄比亚一处海岸时，他看见了迷人的少女安德洛墨达。她当时被锁链绑着，正要被献祭给一个可怕的、正蹂躏这个国家的海怪，这一切只因女孩的母亲卡西俄珀亚王后狂妄自大，吹嘘自己比海洋仙女们还漂亮。珀尔修斯丝毫没有迟疑，决定救下安德洛墨达，并娶她为妻。

石头婚礼

在与海怪交战前，珀尔修斯已经与安德洛墨达的父母刻甫斯和卡西俄珀亚达成协议，如果他能救下他们的女儿，他们便成全两人的婚事。这对悲伤的父母本已心甘情愿地接受这一条件，可珀尔修斯刚把安德洛墨达解救出来，他们便反悔了。婚礼上，他们否认了之前的承诺，坚持要把女儿嫁给安德洛墨达的表哥，也就是她之前的未婚夫！众宾客们开始围攻珀尔修斯并击倒了他，他迫不得已，掏出了美杜莎的头颅。这个女妖虽然已死，但目光依然会将人石化。就这样，他一下子把两百多名反对者通通变成了石像。啊，这致命的婚礼！

预言终成真

珀尔修斯凯旋，却发现国王波里代克特曾企图趁他不在时玷污他的母亲。于是他一不做二不休，掏出美杜莎的头颅，即刻将这无赖也化作石头，救出了他的母亲。再后来，幸福自在的珀尔修斯去参加拉里萨运动会，他掷铁饼时稍稍用力过了头，铁饼意外砸到了一个老者的额头，把他给砸死了……而这位老人就是他的外公，国王阿克里西俄斯；昔日预言终成真，他到底还是被自己的外孙夺去了性命！

你的外公被砸死了，真为你难过。

好的，好的……我到底赢没赢？

遇见珀尔修斯

圣乔治与珊瑚

在基督教神话中，有关圣乔治的英雄事迹在中世纪时流传甚广，它可能正是由珀尔修斯打败海怪的传奇故事演化而来。但我们知之甚少的是，在奥维德的笔下，珀尔修斯还是珊瑚的创造者。为什么呢？因为他在与海怪搏斗时，把美杜莎的头放在了沙滩上，待他结束战斗回来时，却发现海滩上所有的藻类不仅被凝固成了石头，还被美杜莎的鲜血染成了红色！可真会写。

互联网——数据库

如今在互联网上，珀尔修斯数字图书馆已经成了一个非常神奇的致力于为学术出版提供服务的数据库。这是在向他的聪明才智致敬吗？不管怎么说，他的妻子安德洛墨达也有一个不错的结局，她与丈夫一样，成了天上的星宿。除此以外，埃塞俄比亚的国王和王后，也就是刻甫斯与卡西俄珀亚竟也被波塞冬化作天上的星宿。我们可能无法理解：对无法兑现承诺的人也这般慷慨，是不是过于仁慈了？不该吧。

罗马名：珀尔修斯
词源：可能是"毁灭"/"抢夺"
父亲：宙斯
母亲：达娜厄，阿尔戈斯国王之女
妻子：安德洛墨达

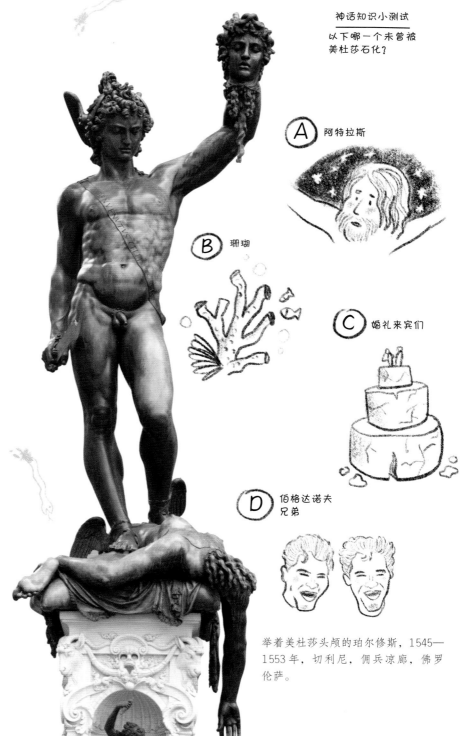

神话知识小测试

以下哪一个未曾被美杜莎石化？

A 阿特拉斯

B 珊瑚

C 婚礼来宾们

D 伯格达诺夫兄弟

答案真的吗？你还需要答案？

举着美杜莎头颅的珀尔修斯，1545—1553年，切利尼，佣兵凉廊，佛罗伦萨。

柏勒罗丰与喀迈拉

英雄，科林斯的国王

飞马驯养人柏勒罗丰是一位充满魅力的英雄，但过分自大的他历经艰辛之后才终于懂得，人不能猖狂地将自己视作与神一样伟大！

过失杀人犯

柏勒罗丰原名希波诺斯（意为"懂得驯马之人"），某天他在狩猎中意外杀死了一位名叫贝莱罗斯的贵族。随后他来到科林斯的国王身边，渴望洗刷自己的罪恶，国王于是为他改名柏勒罗丰（意为"杀害贝莱罗斯的人"）。谁知因他长得十分英俊，国王的妻子斯特内贝爱上了他。王后企图勾引柏勒罗丰，但品性正直的他严厉拒绝了。愤怒的王后于是向丈夫诬告说柏勒罗丰想强暴她……#狂怒的女人！

谁也除不掉的客人

科林斯国王对此非常烦恼，他不想亲手杀掉自己的客人，因为这么做有违古希腊传统，于是他把柏勒罗丰派到他的岳父吕喀亚国王伊俄巴忒斯那里，并附上一封信，让岳父杀掉这位传信者。然而，伊俄巴忒斯在读到信之前已大摆酒席，与柏勒罗丰共享盛宴，这下可好，他也和女婿陷入了同样的困境。他不能杀掉客人，尤其是自己宴席之上的客人！为了除掉柏勒罗丰，伊俄巴忒斯想出了另一个办法，派他去完成一项自杀式任务……

史上最无赖的借口

杀死喀迈拉并非一场幻想[1]

由于伊俄巴忒斯的王国饱受喀迈拉之苦，他决定让柏勒罗丰去除掉喀迈拉，以解救自己的王国。喀迈拉是一头怪兽，拥有一条蛇尾和两个脑袋：狮头与羊头，还能喷火。所幸柏勒罗丰得到了雅典娜的帮助，女神送给他一个金子做的马笼头，帮他驯服了飞马。后来他身骑飞马，向喀迈拉嘴里丢进一个铅球。当怪兽喷火时，铅球马上在它喉咙里熔化，铅汁流进它的肚子，喀迈拉就这样将自己杀死了。多蠢的野兽，不是吗？伊俄巴忒斯接下来又派他去对战索吕摩人、亚马逊女战士、海盗群……再后来，能使上的诡计都使完了，伊俄巴忒斯干脆直接派出军队与柏勒罗丰决一死战。

骑着飞马的柏勒罗丰杀死喀迈拉，1723年，穹顶局部，乔凡尼·巴蒂斯塔·提埃坡罗的壁画，桑迪－波多宫，威尼斯。

1　法文中 Chimère 一词既指希腊神话中的怪物喀迈拉，又有幻想之意。

过分尊重妇女

可怜的柏勒罗丰战功赫赫，却目睹国王派出军队来"犒劳"自己，他忍无可忍，只好向波塞冬求助，祈求神祇用洪水淹没这片平原，溺死士兵们。这一办法奏效了，柏勒罗丰马上向着伊俄巴忒斯的宫殿进攻，然而王国的女人们为保护国王，纷纷掀起了自己的裙子。柏勒罗丰是一个有羞耻心的人，由于见不得女人们的裸体，便主动逃走了。不过通过这件事，伊俄巴忒斯忽然意识到，这样一位男子不可能做出强暴王后的事情来。#总算看清楚了。不仅如此，他还把自己的女儿许配给了柏勒罗丰！

冲上奥林匹斯山

不过柏勒罗丰并不满足于这样的 Happy Ending，因为他想向曾经陷害他的王后斯特内贝复仇。于是，他驾着飞马，邀请王后伴着月光在夜空中漫步。（"这蓝色的梦啊……"）然后，呃，一把将她推入海中。（"怎么着，还喜欢这蓝色的梦不？"）完成了英雄伟业的柏勒罗丰陶醉在骄傲自满中，觉得自己与众神一样伟大，于是驾着飞马冲上了奥林匹斯山。宙斯为了让他滚回去，只好用闪电攻击他。就这样，柏勒罗丰死掉了，死于自己过分的狂妄自大。

这蓝色的梦，
梦，梦……

遇见柏勒罗丰

滴水嘴兽和吐火怪兽不是一回事

与我们的普遍认知不同，在建筑领域，"滴水嘴兽"一词特指为房顶雨水引流而设计的动物雕像（尤其见于哥特或罗马式建筑）。而源自神话故事里喀迈拉的"吐火怪兽"一词，则指的是建筑中那些富于幻想与风格怪诞、以装饰性为目的的动物雕像，比如矗立在教堂上或是大楼门口的那些动物雕像。搞懂这些知识，下次你再去游览巴黎圣母院的时候也可以露一手哦！

皇帝就这样离开了我们

对于~~拿破仑的粉丝们~~所有法国人来说，"柏勒罗丰"会让人痛苦地回忆起令人感伤的 1815 年。那一年的滑铁卢之役后，奸诈的盎格鲁人把法国伟大而高贵的皇帝带去了圣海伦岛。事实上，盎格鲁人当时有一艘军舰就叫作"柏勒罗丰号"……一个满负荣耀渴望登临奥林匹斯山却被闪电击死的英雄名字，以此描述拿破仑再合适不过了！啊，悲剧啊，啊，恶毒的阿尔比恩（英国旧称）。

《碟中谍》

是谁说汤姆·克鲁斯没文化的？在吴宇森 2000 年拍摄的电影《碟中谍 2》中，著名的特工伊森·亨特负责取回一种名叫"喀迈拉"（或名"金美拉"）的致命病毒，而这种病毒唯一的解药，就叫作……"柏勒罗丰"！女主角后来为了阻止恶人占有病毒，将其注射进了自己的体内，伊森能够成功地解救她吗？#悬念#深爱。

呃，吴先生，这种类型的病毒，我不确定能不能对付得了啊！

巴黎圣母院上的吐火怪兽，摄于 1925 年。这些怪兽是维奥莱特公爵在 1857 年对大教堂进行修复时添加上去的；中世纪时期它们可不存在！

罗马名：柏勒罗丰

词源："杀死贝莱罗斯的人"

父亲：波塞冬

母亲：俄里诺梅，墨伽拉国王之女

帕里斯

挑起特洛伊战争的王子

英俊的特洛伊王子帕里斯性格极其轻率，他一个人挑起特洛伊战争，并导致了整个城邦的覆灭，只因他非要劫走全世界最美的女人不可。小累赘！

早该听从的预言

帕里斯的母亲是特洛伊王后赫卡柏，她尚在孕期时，某夜曾梦见自己生下了一支燃烧的火炬。一位神祇告诉她，这个梦预示着她的儿子未来会让这座城邦陷入烈焰之中。她与丈夫为了逃避这一命运，决定"抛弃"这个孩子，于是他们把帕里斯扔在特洛伊附近的一座山上。唉，天真的凡人啊！没有人可以逃离命运。结果帕里斯先是被一头母熊哺育，然后又由一位牧羊人抚养长大，并长成了一个英俊又有力量的男人……

魔镜帕里斯，谁是最美的女人？

一天，帕里斯正在牧羊时，看见三位圣洁的女神向他走来，她们正在为谁配拥有一个金苹果而争吵，因那金苹果上刻着"给最美的女人"。于是，她们找他来做仲裁……真让人进退两难！为了自己能被选中，每一位女神都向他作出了一个承诺：阿芙洛狄忒许诺他得到世上最美丽女人的爱情，雅典娜许诺他拥有军队的无上荣耀，而赫拉则许诺他拥有亚洲和欧洲的统治权。但帕里斯仿佛命中注定一般，选择了爱情与阿芙洛狄忒。剩下两位被轻视的女神非常生气，发誓要向他报复。

帕里斯，特洛伊之马

几周之后，帕里斯在当地的一项竞技比赛中夺冠，他凭借自己的天赋和俊美击败了所有竞争者，一时名声大噪。他的妹妹卡桑德拉认出了他，他的父母非常高兴与儿子重逢，便忘记了当年的预言。然而正是预言的力量使他曾经被抛弃，如今又被带回特洛伊。致命的错误啊！后来帕里斯因阿芙洛狄忒的许诺而得到了美丽的海伦的爱情，但他也因为抢走海伦，引发了一场长达十年的战争，可他丝毫没有为此而忧虑。

中箭

帕里斯挑起了特洛伊战争，而他的弟弟赫克托耳却要因他承担起保卫城邦的一系列重任。不过当阿喀琉斯残杀赫克托耳并羞辱他的尸体时，帕里斯终于做出了他在这场战争中唯一一次正确之举：他向阿喀琉斯的脚踵射出了致命一箭（其实这一箭是在阿波罗的操纵下射出的）。不久，帕里斯自己也被赫拉克勒斯的同伴一箭射死了……后来，海伦嫁给了他的哥哥！#不忠的女人。

帕里斯的裁判，1757 年，门斯，艾尔米塔什博物馆，圣彼得堡。

帕里斯头戴一顶典型的特洛伊地区居民常戴的弗里吉亚帽，他把金苹果交给了阿芙洛狄忒，丘比特当时正陪在她的身边。阿芙洛狄忒的右边是傲慢的赫拉，她忍受着被轻视的侮辱（我们从她身后的标志物孔雀就能认出她来）。再往右边是贞洁的雅典娜，正为自己解了衣衫却一无所获而气恼，她已经开始威胁帕里斯，并重新拿起刚刚放在地上的战袍，发誓要报复他。

父亲：普里阿摩斯，特洛伊国王
母亲：赫卡柏，特洛伊王后
情人／妻子：海伦

纷争之果

"纷争之果"这一短语意指有争议的话题，但同时我们也可以单纯地从其字面意思去理解，因为"纷争"一词事实上源自纷争女神厄里斯。因她总爱在人群中搬弄是非，所以当她没有被邀请参加阿喀琉斯父母的婚礼时，这位纷争女神深感气愤，决定报复他们。她朝着宾客的宴席之上扔去一个苹果，上面刻着"给最美的女人"。这一下，她的阴谋完全得逞了：赫拉、阿芙洛狄忒和雅典娜三个女神立即争吵起来，古希腊时代造成最大伤亡的战争也由此缓缓拉开序幕！不可辩驳的是，纷争女神在履行自己的职责时还真是够专业啊！

海伦

全世界最美的女人

全世界最美的女人海伦自童年时代起，就勾起了无数追求者的幻想，当她长到可以成婚的年纪时，所有国王都来向她求婚。她本已成了斯巴达国王墨涅拉俄斯的妻子，但帕里斯将她劫走，这才挑起了始于公元前 1180 年的特洛伊战争……

举世无双的美

海伦是宙斯与丽达的女儿，众神之神宙斯当初将自己化成一只天鹅，从而引诱了身为斯巴达王后的丽达。从出生起，海伦就因美貌为天下人知晓，等她长到可以结婚的年纪时，希腊所有的国王都争抢着向她求婚。为确保公平公正，一旦哪个幸运儿被选中，那么所有竞争者都要宣誓，共同保护这位求婚成功者，哪怕到了因她而引发战争的那一天……

与帕里斯共度的一夜良宵

海伦的养父廷达瑞俄斯选择了墨涅拉俄斯做女婿，这位青年非常富有，是迈锡尼国王的继承者。但几年之后，特洛伊王子帕里斯因为金苹果一事得到了阿芙洛狄忒的承诺，他将拥有全世界最美女人的爱情……于是，女神让海伦爱上了他！就这样，当帕里斯来到斯巴达，而墨涅拉俄斯又远赴克里特岛时，海伦对他一见钟情，在他们共度良宵之后，帕里斯抢走了海伦，并把她带回了特洛伊……致命的错误啊！

《特洛伊》，沃尔夫冈·彼得森导演，奥兰多·布鲁姆与黛安·克鲁格主演，2004 年。

为一个女人而战

国王墨涅拉俄斯因妻子被人抢走深感羞辱，于是召集所有曾宣誓捍卫他的国王，组成了一支无比强大的军队，由他的哥哥、希腊众国王的首领阿伽门农统率，浩浩荡荡地出发了。他们的目标是摧毁特洛伊，并带回海伦。由这场冲突引发的特洛伊战争（可能真的发生过）持续了十年之久。有一天，墨涅拉俄斯与他的对手帕里斯得以正面交锋，就在帕里斯即将被杀死的最后关头，阿芙洛狄忒把他救了出来，并将他带到了战场之外。作弊者！

希腊名：海伦娜
父亲：宙斯
母亲：丽达，斯巴达王后
丈夫：墨涅拉俄斯，斯巴达国王
情人：帕里斯，帕里斯死后是得伊
福玻斯

结局一点也不迷人

当希腊人攻下特洛伊城后，墨涅拉俄斯四处寻找海伦，他要杀掉她，好为自己报仇。可当他再次见到海伦时，又被她的美丽征服，重新爱上了她……并把她带回了斯巴达。太善良了吧！然而，当她的丈夫死去，憎恨她的同胞们无不觉得她要为这场战争负责，因此将她逐出了城。海伦逃到罗德岛避难，但罗德岛的王后一样憎恨她，因为王后的丈夫在特洛伊战争中阵亡，王后也将此事归罪于她。最后她将海伦溺死在浴缸中，并命人把她的尸体挂到树上！因果报应啊。

发动战争……
结论下得也太
快了吧！

遇见海伦

美人海伦炖梨

奥芬巴赫于 1864 年创作的滑稽歌剧《美丽的海伦》曾取得空前的成功，一时引起整个欧洲热议……这么说一点也不过分：注定未来要成为大厨的年轻厨师埃斯科菲耶决定抓住机会量身定做一道甜品，就叫"美人海伦炖梨"，这道甜品主要由一颗完整的梨子、香草味冰淇淋球和巧克力酱制成。虽说这道甜品与歌剧的关系有些牵强（倒是墨涅拉俄斯的形象和它更为匹配，他在故事里就是个很好骗的傻子[1]），但它带给我们的味觉快乐可丝毫没有因此减少！

#性感

---

1 法文 Poire 一词，既指梨，又有傻瓜之意。

赫克托耳

特洛伊王子，城邦主要守卫者

赫克托耳是一位少见的能获得大家一致认可的英雄：一个真正的勇士、好丈夫、好儿子、好父亲，同时也是人民的典范，不仅朋友们尊重和爱戴他，连他的敌人对他亦是如此……

安德洛玛刻在特洛伊城门前阻拦赫克托耳，1811 年，卡斯泰利，米兰美术学院。

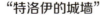

拖后腿的哥哥

赫克托耳是帕里斯的弟弟，可他却比哥哥更加成熟，更勇于担当。与帕里斯不同，他自小在特洛伊长大，注定将继承他父亲普里阿摩斯的王位。当得知帕里斯带回海伦时，赫克托耳就冷静地指出了他的错误，由此也可再次看出他的成熟。他努力想说服哥哥把这位美丽的王后送回她合法的丈夫身边，并让他认清形势：如果他们不妥协，整个特洛伊城邦都将被迫面临战争的威胁……努努力啊，兄弟！

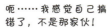

呃……我感觉自己搞错了，不是那家伙！

"特洛伊的城墙"

希腊人曾接到一则神谕，预言说只要赫克托耳活着，特洛伊城就不会落入他们手中。因而，每一场战役希腊人所有的进攻都有意针对赫克托耳。但在长达九年的围攻中，赫克托耳抵住了敌人的每一次攻击，甚至在直面危险时，比如当他自以为对战并杀死了不可战胜的阿喀琉斯的那一次（其实他杀死的阿喀琉斯只是他表弟帕特洛克罗斯假扮的）……赫克托耳披着阿喀琉斯的盔甲荣耀归来，回到了热爱着他的城邦和妻子身边。

责任第一

当阿喀琉斯得知赫克托耳杀死了他最好的朋友和表弟帕特洛克罗斯时，他勃然大怒，愤愤不平。赫克托耳当然知道，阿喀琉斯一定会设法复仇并杀死自己。深爱他的妻子安德洛玛刻拦着不让他迈出城邦的大门，并请求他不要去对战阿喀琉斯。为劝阻丈夫，她甚至把儿子举到他面前想勾起他的怜悯之心，劝他不要让孩子因他的死成为孤儿……不久前，赫克托耳已经因宙斯的命令被众神抛弃，他感到身上的力量已然消逝，不过此刻，责任之重使他战胜了自己的恐惧和感情，于是，赫克托耳出发了……

连我的勇气也弃我而去了

赫克托耳与阿喀琉斯之间的较量本该是一场勇者之战，但赫克托耳却突然莫名其妙变得怯懦不堪。尽管听到了来自父母的指责和激励，他还是一边望着阿喀琉斯，一边逃走了，阿喀琉斯追着他绕城跑了三圈！帕里斯曾拒绝把金苹果交给雅典娜，自那以来，这位女神一直留在希腊的战场上，寻找机会唆使赫克托耳加入战斗，然后设圈套陷害他。她答应会帮助赫克托耳，可当他准备迎战阿喀琉斯时，雅典娜却弃他而去，阿喀琉斯抓住机会，无情地将他杀死了。

"坦白讲，除开这堆口，躺着还挺舒服的哈。"

遭受凌辱的尸体

杀死赫克托耳后，阿喀琉斯依然无法平息因失去帕特洛克罗斯而产生的怒火，他把赫克托耳的尸体拴在马车上，拖着他在所有特洛伊人悲伤的注视下绕城三圈。第二天乃至接下来的一周，阿喀琉斯每天都要这般凌辱他一番，直至某日，赫克托耳的老父亲普里阿摩斯在阿波罗的指引下来向阿喀琉斯求情，求他把儿子的尸体还给自己，好为他举行一场庄重的葬礼。阿波罗神奇地保护了赫克托耳的身体，而阿喀琉斯也最终起了怜悯之心，作出了让步——其实是迫于众神的压力，他如此对待一位已死的英雄，让众神为之愤慨。

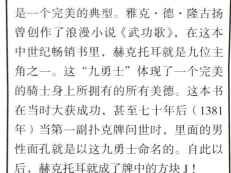

遇见赫克托耳

扑克牌游戏

赫克托耳在中世纪的骑士文化中是一个完美的典型。雅克·德·隆古扬曾创作了浪漫小说《武功歌》，在这本中世纪畅销书里，赫克托耳就是九位主角之一。这"九勇士"体现了一个完美的骑士身上所拥有的所有美德。这本书在当时大获成功，甚至七十年后（1381年）当第一副扑克牌问世时，里面的男性面孔就是以这九勇士命名的。自此以后，赫克托耳就成了牌中的方块J！

杜·贝莱的诗集

约阿希姆·杜·贝莱是16世纪法国一位非常伟大的诗人，当他在罗马看到古代辉煌的历史遗迹被埋在荒草之下，以及亲眼看到当代人对待历史的轻蔑态度后，患上了忧郁症。他曾创作了一首优美的十四行诗，用来揭露那些平庸之人对失去力量之人的践踏，哪怕后者已经在他们的淫威下瑟瑟发抖（"胜利者们竟敢嘲笑那些失败者"）。当然，杜·贝莱也提到了赫克托耳："正如在特洛伊城，还有一些希腊人肯站出来，他们虽非骁勇之人，却敢于围在赫克托耳的尸体旁。"多么令人动容啊！

阿喀琉斯的胜利，1882年，马奇，阿喀琉斯宫，克基拉岛。

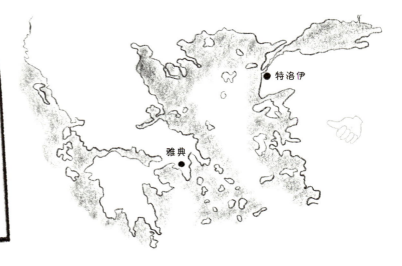

希腊名：赫克托耳

词源："拥有者"

绰号："克里泰奥洛斯"，也就是"戴着最贵重头盔的人"（那是来自阿波罗的礼物），"特洛伊的城墙"

父亲：普里阿摩斯

母亲：赫卡柏

妻子：安德洛玛刻

特洛伊

雅典

安德洛玛刻

被囚禁的特洛伊公主

安德洛玛刻本该变成一个心碎的女人，她曾亲眼看着深爱的丈夫被阿喀琉斯杀死，儿子也死于阿喀琉斯的儿子皮洛斯之手……最惨的是，她还被皮洛斯带回家中，成了他的奴隶！然而，她扭转了自己的命运，最终取得了胜利……# 复仇。

爱情故事悲惨收场（通常如此）

安德洛玛刻与赫克托耳曾是特洛伊最受人喜爱的一对。两人相貌出众、品性正直，又对彼此饱含深情，整个城邦的人民都梦想着能拥有如他们一样的爱情。# 凯特 & 威廉。然而，经历了九年战争之后，赫克托耳不得不与战无不胜的阿喀琉斯单独对决。绝望中的安德洛玛刻努力想留住他，不惜把他们的孩子举到他眼前，盼着他能心软……尽管她心里也明白，赫克托耳终究要去履行他的职责。无比恐惧的安德洛玛刻眼睁睁地看着自己深爱的人死在阿喀琉斯手里……接着，仿佛如此的折磨还不够，她又眼看着阿喀琉斯凌辱丈夫的尸体。万分悲痛！

被囚禁的安德洛玛刻，1888 年，莱顿，曼彻斯特美术馆。

从公主到奴隶

当她的城邦特洛伊沦陷时，安德洛玛刻经历了一次比一次恐怖的精神创伤。她看着年迈的公公普里阿摩斯苦苦哀求，却被阿喀琉斯之子皮洛斯残忍地杀害，然后她又目睹小姑子波吕克塞娜被皮洛斯割喉，接下来，她又眼睁睁地看着自己的儿子也被皮洛斯从城墙上推了下去。但最惨的，还是她自己被希腊人当作奴隶送给了皮洛斯，这个全世界她最最痛恨的男人！噩梦的化身……

爱的单行线

人人都知道安德洛玛刻是一位完美的妻子，因此皮洛斯也没有把她当作偶然得到的战利品。不过正因如此，皮洛斯这个小混蛋受到了命运的惩罚。他无法自拔地爱上了他的奴隶，而恰是这一点使得两个人的关系就此翻转了……活该！一条让人难以置信的爱的单行线就此形成：安德洛玛刻被皮洛斯爱着，皮洛斯被他的妻子赫敏（他的表妹，海伦与墨涅拉俄斯的女儿）爱着，赫敏被俄瑞斯忒斯爱着（希腊首领阿伽门农的儿子）……

从奴隶到王后

皮洛斯对安德洛玛刻的爱，使他无法生育的妻子赫敏大为嫉妒。这也可以理解：1）她爱的人却爱上了别的女人。2）安德洛玛刻和他生了三个孩子！赫敏认为是安德洛玛刻把无法生育的厄运带给自己，于是控诉她，还想将其杀掉！# 狂怒的女人。不过幸运的是，安德洛玛刻被阿喀琉斯的老父亲珀琉斯给救下了。最后，赫敏把怒火转向了自己的丈夫，她迫使俄瑞斯忒斯将皮洛斯杀死，这反倒成全了安德洛玛刻的儿子，使其得以继承王位！由此，安德洛玛刻总算得到了命运的补偿。

此刻我感觉自己要倒霉。

嗯……

词源："对抗男人们的女人"

父亲：厄提昂，特洛阿德地区西里西亚城邦的国王

儿子：阿斯蒂阿纳克斯（第一段婚姻的），墨洛索斯、皮埃洛斯和柏赫迦摩斯（第二段婚姻的）

丈夫：赫克托耳，皮洛斯

遇见安德洛玛刻

在拉辛的作品中

350 年来，拉辛的《安德洛玛刻》一直是一部经得起考验的杰作。在这部剧中，皮洛斯（他的形象柔化了许多）并没有杀死安德洛玛刻的儿子阿斯蒂阿纳克斯。相反，出于对她的爱，他准备迎战雅典娜以救下她的儿子。安德洛玛刻为了保护儿子，同意嫁给皮洛斯——她已经做好了将来自杀的准备。幸运的是，她还没来得及自杀，皮洛斯就在婚礼过后被俄瑞斯忒斯杀死了，而寡妇安德洛玛刻则成了伊庇鲁斯的王后。务实之举。

墨洛索斯人

安德洛玛刻和皮洛斯的大儿子名叫墨洛索斯（Molosse，指牧羊犬）。你一定觉得这名字听起来像一种狗，确实如此。事实上，墨洛索斯在母亲死后继承了伊庇鲁斯的王位，成了国王，而伊庇鲁斯地区主要的希腊部落后来都声称自己是墨洛索斯的后代（比如，亚历山大大帝的母亲奥林匹娅斯就是一位墨洛索斯公主）。而墨洛索斯人在战场上使用的猎犬非常有名，就像维吉尔在《牧歌》中所记述的那样。时至今日，牧羊犬依然是一种有危险性的犬类！

卡桑德拉

永远不被人相信的预言家

卡桑德拉是一位永远无法获取他人信任的预言家，在希腊神话中，她的命运最为悲惨。她是特洛伊的公主、国王普里阿摩斯的女儿，拥有阿波罗所赋予的预知未来的天赋，但同时她也因为受到阿波罗的诅咒，预言永远都不会被人相信。

我会在你的嘴巴里吐口水

卡桑德拉是特洛伊国王众多女儿之中最有魅力的那一个，她以美貌"堪比金发的阿芙洛狄忒"而著称，就连众神中最英俊的阿波罗都爱上了她。因为阿波罗有预知未来的神力，所以他把这项天赋给予了她，以换取她对自己的爱。卡桑德拉心肠不坏，可她在践约之时却忽然收回了自己的承诺……难道不怕惹恼神祇？阿波罗为了惩罚她说谎，就在她的嘴巴里吐了一口口水。由此，她的预言再也没有人相信了……

坦白讲，这真让人没法接受！

我（早就）跟你们说过了了了了

卡桑德拉预知未来的天赋只能让她徒增哀伤，因为她说服不了任何人。她知晓自己可怕的命运，也知晓她所爱之人的命运，但却什么也做不了，更无力阻止任何事的发生。这是多么折磨人啊！比如，当所有特洛伊人都特别渴望留下那匹巨大的木马时，尽管木马已经明显地散发出有敌人藏匿其中的味道，而卡桑德拉作为唯一一个知道真相的人，也已经指出木马将会毁灭特洛伊，但大家听闻此言，却让她赶紧闭嘴。结果，所有人都死光了。怎么样，她说什么来着。

卡桑德拉，1898 年，德·摩根，德·摩根基金会。

遭受凌辱、心碎、虐待（且丧失了自由）

特洛伊在沦陷后经受了一场野蛮且血腥的劫掠，在这期间，卡桑德拉紧紧抱着一尊雅典娜亲自制作的神像，然而这只是徒劳，她甚至就在神像脚下遭到了强暴（幸好，女神后来为她复仇，将施暴者溺死水中）。她在精神上受到重创，还目睹所有的亲人惨遭屠杀，后来又被当作战利品送到希腊军队首领阿伽门农手上。让人颇感意外的是，两人竟然（几乎）相爱了，在返回阿伽门农的王国前，她甚至还为其生下了两个孩子。

如果我闭上眼睛的话，其实，还凑合啦，你也不错。

死亡亦是解脱

在返乡途中，卡拉桑德曾告知阿伽门农，他在踏入家门的那一刻就将遭到谋杀。然而，就如往常一样，他根本不信。阿伽门农的妻子克吕泰涅斯特拉一直憎恨他，因为他当年为了出征特洛伊，曾把他们的女儿伊菲革涅亚作为祭品活活烧死。她迫使其情人埃癸斯托斯去刺杀阿伽门农，与此同时，她亲手将卡桑德拉割喉……在经历了如此多的痛苦之后，卡拉桑德死得无怨无悔！

遇见卡桑德拉

卡桑德拉综合征

"卡桑德拉综合征"一词是由加斯东·巴什拉创造的，意指人们不相信某些合理的警告。不过这个词语的含义与表达本身是有冲突的，这一表达既常见又有一些奇怪，比如"少玩卡桑德拉那套把戏"，意思是说当我们拒绝听取某人的建议时，就以他会带来"不祥之兆"当作借口。然而，那些拒绝相信卡桑德拉的人却忘了，当初她的预言可都成真了呀……#快去复习一下希腊神话吧。

我预感 3200 年后希腊会遭遇一场债务危机！

是啊，是啊，当真如此啊……

罗马名：卡桑德拉

绰号：亚历山德拉，"与男人们对战的女人"

父亲：普里阿摩斯

母亲：赫卡柏

丈夫：阿伽门农

阿伽门农

攻打特洛伊的远征军首领，迈锡尼国王

阿伽门农是墨涅拉俄斯的哥哥，也是尤利西斯的朋友，在特洛伊战争中曾担任希腊联军统帅。其实阿伽门农并不太适合这样的角色：他更有意制造争端，而不是做冲突的仲裁者！正如他的名字所暗示的那样，他事实上是一个相当固执的人……

从父亲到儿子，一家子都很坏

阿伽门农一家人都散发着杀戮和厄运的气息。他的先祖坦塔罗斯曾杀死自己的儿子，并将其做成午餐献给神祇。阿伽门农的父亲阿特柔斯也做过同样的事＃家族传统。他为了惩罚与他妻子通奸的哥哥梯厄斯忒斯，把哥哥的孩子做成菜肴让其享用。为彻底了结此事，阿特柔斯甚至把他的妻子杀了。唉，够了吧，啊？显然没有，他的哥哥为了报复他，又让自己与亲生女儿的乱伦之子埃癸斯托斯将阿特柔斯杀死。总之，请认真试想一下，出身于一个如此疯狂错乱的家庭，阿伽门农怎么可能是一个正常人？

 祖辈画像
陈列廊

亲爱的，我把孩子们（的数量）缩减一下

阿伽门农的童年是在如此疯狂的环境下度过的，长大后的他也难免会有一些精神失常。因此，当他渴望占有丽达美丽的女儿克吕泰涅斯特拉，而她又已经嫁给了自己的堂兄坦塔罗斯（家族姓氏）时，他觉得将堂兄与克吕泰涅斯特拉刚生下的宝宝一起杀死是再正常不过的决定。克吕泰涅斯特拉当然不会这么想，但她还是为阿伽门农生了四个孩子。后来狩猎女神阿尔忒弥斯要阿伽门农为神献祭，他为了取悦女神，竟把自己的女儿伊菲革涅亚放上柴堆活活烧死，于是克吕泰涅斯特拉发誓一定要为此复仇……

阿喀琉斯的愤怒，1819 年，雅克－路易·大卫，肯贝尔艺术博物馆，沃斯堡，得克萨斯州。
阿伽门农来告知阿喀琉斯，他并没有让自己的女儿伊菲革涅亚前来与他订婚，他也以此为由让自己的妻子信以为真，而事实上他为了能让自己的军队被解除封锁，已把女儿献祭给了阿尔忒弥斯。

为了烧毁特洛伊，我不惜先烧毁一切

阿伽门农曾答应弟弟墨涅拉俄斯，若是有谁因他拥有高贵的妻子海伦伤害他，自己一定会伸出援手。因此，当特洛伊王子帕里斯带走海伦时，他担任起联军统帅，欲让特洛伊付出代价。然而出发之际，联军却差点被困滞港口，只因他吹嘘自己打猎时杀死了一头连狩猎女神阿尔忒弥斯都追不上的雄鹿，惹恼了女神。他不得已将女儿活活烧死，付出血的代价，才换来可以起锚的风。他终于可以进军特洛伊了，一场十年后才能结束的战争由此开启。（尤其是他做出的一系列蠢事，让战争持续了这么久！）

统帅的反复无常

为了成为一位真正优秀的统帅，阿伽门农常常表现得过于激进（血腥？）。有一次，他俘虏了阿波罗祭司年轻的女儿克律塞伊斯，这位父亲苦苦哀求他放过自己的女儿，阿伽门农不肯，惹得神祇不满，于是一场鼠疫降临到了希腊战场。多亏了尤利西斯，阿伽门农最终才同意将克律塞伊斯送还，但作为交换条件，他要求得到阿喀琉斯心爱的俘虏布里塞伊斯，这件事又引得阿喀琉斯震怒，于是阿喀琉斯策划了一场罢战行动，并请求宙斯让希腊人接连失利。希腊人此后在战场上无谓的伤亡都要怪到这位差劲的统帅头上，都是他的任性妄为惹的祸！

欢迎回家！

攻下特洛伊城后，阿伽门农俘虏了普里阿摩斯国王美丽的女儿卡桑德拉。卡桑德拉是一个被诅咒的预言者，她警告阿伽门农要小心妻子克吕泰涅斯特拉。但阿伽门农并不想听，他返回迈锡尼，欣喜于能重新见到家人，丝毫不曾料到妻子和她的情人埃癸斯托斯早已计划好要谋杀他。由此，阿特里得斯家族受到的诅咒又传到了阿伽门农的儿子俄瑞斯忒斯身上，因为七年之后，他将为父亲复仇，杀掉母亲和她的情人……永无尽头的循环！

遇见阿伽门农

阿伽门农的面具

享有盛名的考古学家施里曼在 1871 年发现了特洛伊战争的遗址，由此证明了传说绝不仅仅是传说而已。紧接着，他又来到迈锡尼遗址展开调查，并同样做了挖掘。施里曼不仅让一件华美的金质随葬面具重见天日，还坚持认为自己发现了阿伽门农的尸骨。事实上，我们后来才知道，这张面具的制作时间早于特洛伊战争大约 350 年，但上面的确留有阿伽门农的名字。

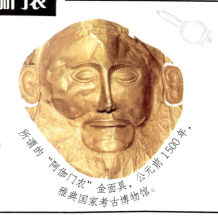

所谓的"阿伽门农"金面具，公元前 1500 年，雅典国家考古博物馆。

墨涅拉俄斯

斯巴达国王，海伦的丈夫

与哥哥阿伽门农不同，墨涅拉俄斯还是比较讨人喜欢的。这很可能源于我们会对那些遭遇了妻子背叛的男人深表同情，而且，墨涅拉俄斯似乎还总被人骗来骗去的！

从前……

起初，墨涅拉俄斯的人生一帆风顺，他甚至成功娶到全希腊最美的女人——斯巴达国王的女儿海伦，惹得三十几个国王好生艳羡。另外，他还得到了：1）那些败下阵来的竞争者的誓言，如果他未来因妻子遭了祸端，立誓者都会站出来捍卫他；2）斯巴达的王位！被绿之前的绝佳好运？婚后，他与海伦在斯巴达幸福地生活着，还生下了很多孩子（三个，确切地说）……然而，故事才刚刚开始。

遇见墨涅拉俄斯

在奥芬巴赫的作品中

正如大家所料，墨涅拉俄斯这个被扣了绿帽子的丈夫形象为 19 世纪的轻喜剧提供了不少笑料，人们不吝调侃那些"把自己另一半与第三人分享的"角色。在奥芬巴赫的滑稽歌剧《美丽的海伦》中，墨涅拉俄斯被大大地丑化，他的哥哥阿伽门农和预言者卡尔卡斯甚至要他为希腊的美好未来做出牺牲……墨涅拉俄斯尊重他们的意见，死掉了。

米歇尔·布拉索（墨涅拉俄斯）和朱丽叶·西蒙－吉拉尔（海伦），奥芬巴赫《美丽的海伦》，1900 年 2 月，《戏剧》杂志封面。

一旦离开，位置不保！（法国谚语）

某天，墨涅拉俄斯迎来了一位客人，特洛伊年轻又无比英俊的王子帕里斯。他并不知道，帕里斯已经得到了阿芙洛狄忒的承诺，自己高贵的妻子海伦注定会爱上这位客人。而且，偏不巧，此刻他不得不去克里特岛参加外祖父的葬礼。他刚一离开，帕里斯就趁机抢走海伦，把她带回了特洛伊……绝望的墨涅拉俄斯不得不召集起所有曾发誓捍卫他的国王，组建了一支军队，并把统帅的位置交给了哥哥阿伽门农。

武器不对等的决斗

我们不难猜想，墨涅拉俄斯一到特洛伊，就马不停蹄地寻找帕里斯，想把他撕成碎片。有一天，在战场上，他猛冲向帕里斯……可结果呢，帕里斯的懦弱程度堪比他的美貌，他竟然躲到了哥哥赫克托耳的脚下。高贵的赫克托耳要求他上前迎战，并与墨涅拉俄斯约定，以海伦为赌注，对决之后，战争终止。墨涅拉俄斯差一点就要赢了，可就在他即将置帕里斯于死地时，阿芙洛狄忒将帕里斯卷进一团乌云带走了。不公平。

杰拉尔·马扎克斯

太善良了，太……？

战争结束后，虽然墨涅拉俄斯这个小乖乖战绩不如其他国王，但是他仍被公认为一个忠诚的朋友（他保护并夺回了帕特洛克罗斯的遗体），仗义疏财（他原谅了一位在赌博中作弊的同伴，甚至还把奖金让给了他）。太善良了吧！不光如此，当他重新见到当着全希腊人的面羞辱了他十年，并且因她的不忠引发了战争的妻子时，他非但没有杀死她，反而选择了原谅她，并把她接回了斯巴达。他甚至没像其他所有国王一样，找个情妇作为战利品带回来！墨涅拉俄斯真的太善良了。

墨涅拉俄斯扶着帕特洛克罗斯的尸体，罗马时代复制品（公元 1 世纪），原作创作于公元前 3 世纪的希腊时代，佣兵凉廊，佛罗伦萨。

阿伽门农
词源："坚定固执的人"
父亲：阿特柔斯，迈锡尼的国王
母亲：埃洛普，克里特岛的公主

墨涅拉俄斯
词源："人民的支柱"
父亲：阿特柔斯，迈锡尼的国王
母亲：埃洛普，克里特岛的公主

阿喀琉斯

《伊利亚特》的主角

阿喀琉斯是《伊利亚特》的主人公，特洛伊之战取得胜利，他功不可没，同时他也是最令人生畏的对手、刀枪不入的英雄……除了他的脚踵！

"噗，你瞧那个女的，她选了把剑。我敢肯定，这是个男的！"

阿喀琉斯被尤利西斯识破，1799年，阿尔古诺夫，奥斯坦金诺宫，莫斯科。
阿喀琉斯假扮成年轻女孩，却在伪装成商人的尤利西斯面前露了马脚，阿喀琉斯没有像其他女孩一样买珠宝，而是要买剑和盾牌……

阿喀琉斯之踵

阿喀琉斯是海洋仙女忒提斯之子，他的母亲曾收留并抚养了被从奥林匹斯山抛下的赫菲斯托斯。为了让儿子得到永生，忒提斯曾用冥河之水浸泡他。她提着他的脚踵，尽可能多地把他浸入水中。但正因此，脚踵成了他全身唯一一处弱点……后来，她把孩子的教育交由智慧的马人喀戎负责，又让赫菲斯托斯为他打造了一副世人从未见过的最漂亮的铠甲。准备就绪！

加油，阿喀琉斯，屏住呼吸！

#婴儿游泳运动员

金发阿喀琉斯变成"红发女"

在特洛伊战争一触即发时，希腊人得到了一则神谕：如果金发的阿喀琉斯不参战，他们将无法取得这场战争的胜利。不过忒提斯并不想让儿子卷入战争，她把阿喀琉斯打扮成女孩模样，让他混进国王里高梅德的女儿们中间隐藏起来，并改名为"红发女"。然而，狡猾的尤利西斯来寻找阿喀琉斯时，假扮成商人模样，带了一堆珠宝，供国王的女儿们挑选。众人之中只有阿喀琉斯在一把漂亮的宝剑和一面盾牌前把持不住了……身份暴露啦！

没有布里塞伊斯，我将摧毁一切

虽然正当青春年少，但阿喀琉斯却骄傲自矜，毫不惜命。自童年起，他就下定决心，宁可经历短暂而辉煌的一生，也不愿默默无闻虚度漫长的时光。因此，在特洛伊战争期间，当希腊军队的首领阿伽门农为了羞辱他，抢走了他深爱的特洛伊女因布里塞伊斯时，阿喀琉斯怒气冲天，他的愤怒甚至成为传说，被写进《伊利亚特》成了重要一章。他不光决定停止战斗，还请求宙斯让希腊军队在自己罢战期间节节败退……

帕特洛克罗斯之死

没有了阿喀琉斯，希腊军队接连失败，尽管尤利西斯和其他国王纷纷来请求他重返战场，阿喀琉斯仍不为所动，不过他还是准许他的表弟，也是他最好的朋友帕特洛克罗斯披上自己从父亲佩雷那里继承的战甲加入战斗，以达到震慑特洛伊人的目的。这一计谋颇为奏效，直到帕特洛克罗斯忘记与阿喀琉斯的约定，擅自脱离了希腊军队……特洛伊首领赫克托耳杀死了他，并抢走了他的武器！

遇见阿喀琉斯

奈飞出品

自 1900 年开始，已经有 150 多部影视作品把阿喀琉斯搬上银幕。但在 2018 年奈飞/BBC 制作的讲述《伊利亚特》的电视剧《特洛伊，陷落之城》中，阿喀琉斯的形象已不再是荷马笔下那个拥有一头闪亮金发的战士，取而代之的是一个非洲人的面孔。这样的安排无论从历史学、地理学还是文学的角度看，是不是都有点荒诞呢？尤其当阿喀琉斯伪装成女孩时，他的绰号叫"皮拉"（红发女），真是怎么想都让人难以理解！

希腊之踵

显然，我们在人体构造领域也能看到阿喀琉斯的身影，比如"跟腱"一词（在脚后跟处），跟腱断裂时非常疼痛，而以"阿喀琉斯之踵"来命名这一部位是对如此伟大的英雄最起码的尊重！其实，阿喀琉斯在希腊几乎被视作神祇，人们甚至为他建起祈祷的神庙。这对于一位凡人来说是很特殊的待遇！茜茜公主甚至把她在克基拉岛的行宫命名为"阿喀琉斯宫"！

"布拉德，我属于特洛伊。"
#哇喔，文字游戏哦（法文，"特洛伊"和"你"发音近似）！

电影《特洛伊》，布拉德·皮特饰演阿喀琉斯，沃尔夫冈·彼得森导演，2004 年，金发美男饰演金发美男！

我的复仇之心会追随着你，至死不休

帕特洛克罗斯之死让阿喀琉斯极为愤怒，复仇是唯一能让他重返战场的理由。等他杀死赫克托耳，他将赫克托耳的尸身系在自己的战车后，拖着他在特洛伊的城墙之外绕行了三圈。第二天，阿喀琉斯的怒火依然无法平息，他烧死十二名特洛伊人质为帕特洛克罗斯陪葬，然后拖着赫克托耳的尸身又绕城三圈。所有特洛伊人都为这场杀戮而痛哭，他如此对待一位英雄的尸体，甚至惹怒了诸神。阿喀琉斯不得不作出让步，把尸体还给了赫克托耳年迈的父亲，让他终于得以安葬。

阿喀琉斯因脚踵而死

根据预言所示，赫克托耳的死本该带来双重后果：阿喀琉斯很快死去，特洛伊城也将被攻下。

而事实是：

1）赫克托耳的弟弟帕里斯为了复仇，伪装成阿波罗的样子朝阿喀琉斯射了一箭，正中他的脚后跟处，那是他身上唯一一处薄弱的地方，阿喀琉斯随即死去。

2）经历了十年战争后，希腊人佯装放弃和离开，却在身后留下了一匹木马……后来发生的事，你懂的！

罗马名：阿喀琉斯
词源："没有嘴唇"？
绰号：红发女
父亲：珀琉斯，密尔弥冬人的国王
母亲：芯提斯，海洋仙女

埃阿斯

《伊利亚特》中的希腊战士

硬汉埃阿斯（又名"阿贾克斯"）是一位相当记仇的英雄，虽说他没有阿喀琉斯那么骁勇善战，也不如尤利西斯那般诡计多端，可他仍是特洛伊战争中最伟大的英雄之一。荷兰著名的足球俱乐部阿贾克斯·阿姆斯特丹队倚仗他的辉煌战绩来标榜自己不是没有根据的……

阿贾克斯牌清洁剂广告，1960 年，英国。

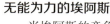

罗马名："大"埃阿斯
绰号：亚该亚人的城墙
父亲：忒拉蒙（一位阿耳戈英雄）
曾祖父：宙斯（我们对此表示怀疑）

竞技者的气度

埃阿斯是萨拉米斯岛的国王，十分高大英俊，甚至被围困的特洛伊人在城墙上一眼就能将他认出来。在整个特洛伊战争期间，他从未负过伤，后来一对一迎战特洛伊英雄赫克托耳，要不是宙斯在最后关头用一团乌云将赫克托耳藏起来，保护了他，埃阿斯本可以将他打败。颇有骑士风度的埃阿斯于是宣布两人打成平手，并和赫克托耳交换了武器（就像足球运动员赛后互换球衣！），他因此得到了一把漂亮的剑。

无能为力的埃阿斯

当埃阿斯的竞争对手阿喀琉斯上场对战赫克托耳，后来又被人一箭击中脚踵身亡后，埃阿斯把他的尸体带回了营地。因为他是最强大的勇士，又是阿喀琉斯的朋友，他认为自己理所应当继承阿喀琉斯那套著名的由赫菲斯托斯亲自打造的武器装备，然而尤利西斯也想得到它们。

最后他们请特洛伊人作裁决，特洛伊人觉得他们最害怕的战士还是尤利西斯，因为他最为狡猾……埃阿斯，被降到了乙级联赛！

遇见埃阿斯

家居用品

由于埃阿斯强悍的形象，高露洁－棕榈公司在1947年用他的名字开创了自己的家居用品品牌。为什么呢？因为如其广告语所说，埃阿斯"比污秽更强大"！这倒是符合逻辑的，埃阿斯几乎强于任何人，他所向披靡，除了他自己，没人能杀死他（后来的确如此）。诚然，他要是能击垮赫克托耳，定能消除污秽！

足球

一个多世纪以来，足球俱乐部阿贾克斯一直把戴着头盔的埃阿斯头像作为自己的标志，而早在1894年，他们就选用了"阿贾克斯"这个名字。应该相信当时的足球运动员要比如今的有文化（你说说，这有什么难的），此后，"阿贾克斯·阿姆斯特丹队"比"忒拉蒙的儿子埃阿斯"更为人熟知……说到有文化这件事，只能寄希望于"风水轮流转"了，恰如弗兰克·里贝里说的那样！

雅典人的广场

埃阿斯是萨拉米斯岛的拥有者，在那里他拥有一座神庙、一尊雕像，还有一个专属的节日。公元前480年攻下萨拉米斯岛后，雅典人为彻底将其据为己有，凭空为埃阿斯捏造了一个名叫"埃阿克"的祖父，使他和阿喀琉斯成了表兄弟。之后他们还为埃阿斯捏造了一些后代，有些伟大的雅典人如历史学家修昔底德，或是政治家阿西比亚德，就声称自己是埃阿斯的后代。

埃阿斯，蒂曼，19世纪，市立博物馆，贝卢诺。

希腊人不是小绵羊

埃阿斯因失望陷入了疯狂，他无法忍受聪明的尤利西斯比自己更受欢迎，更可气的是，尤利西斯还设法"偷走了"阿喀琉斯那套精妙绝伦的武器装备，而他一直认为只有自己才配得上继承它们。他当时从帐篷里气势汹汹地走出来，准备杀掉所有希腊军队的首领，那可都是他的同盟啊！幸好雅典娜将他的疯狂转到了一群绵羊身上，他把所有绵羊都割了喉，还以为杀掉的是盟友……等埃阿斯醒过来，看到他的所作所为后，他拿起赫克托耳留给他的剑，自杀了。一代英雄，竟落得如此悲剧的收场！

"我说，现在这种情况，我们应该怎么办？"

土耳其烤肉的诞生

好一个记仇的人啊！

关于埃阿斯的葬礼，曾在希腊人中引起广泛的争议。对于一个曾经想杀死你的人，究竟要不要为他举行葬礼呢？希腊各支军队的首领们普遍都不同意，但尤利西斯并不记仇，他说服众人埋葬了埃阿斯，好让他得以安息。可让人觉得讽刺的是，倒是埃阿斯一直未能放下心中的仇恨（这仇恨可真是没放对地方）。甚至当他后来与尤利西斯在冥府重逢时，还拒绝和他说话！真像做梦一样。"埃阿斯，我把所有人都杀光了"，除了那几个老对手……

尤利西斯

伊塔刻国王

希腊神话中最著名的英雄终于登场了！神机妙算的尤利西斯、骁勇善战的尤利西斯、贤明智慧的尤利西斯、深得雅典娜喜爱的尤利西斯……尤利西斯简直就是英雄这一称号的发明者，因此大家才会把他的死亡看作英雄时代的结束。特洛伊战争的十年间，他一直在奋战，战争结束后，他又花了十年时间寻找自己的妻子珀涅罗珀和儿子忒勒玛科斯。

塞壬女妖们，1867 年，柏利，桑德林博物馆，圣奥梅尔。

柏利的这幅作品借鉴了安格尔的构图方式和鲁本斯对女妖的表现手法（此作中女妖的表现形式与鲁本斯著名的《玛丽·美第奇抵达马赛》中一模一样）。但这幅作品于 1867 年在沙龙展出时却遭到了恶评。幸运的是，拿破仑三世得到了这幅作品，并将它作为礼物送给了圣奥梅尔城！

启程奔赴特洛伊战场

尤利西斯是伊塔刻小岛的国王，他深爱着自己的妻子珀涅罗珀和儿子忒勒玛科斯。因此，当墨涅拉俄斯国王来召唤他，要他履行承诺加入特洛伊战争，好把自己被特洛伊王子帕里斯劫走的美丽妻子海伦解救出来时，尤利西斯为了逃避这场战争，不惜装疯卖傻，他跑去耕种自家的田地，把盐当作种子撒进土里……可当人把他的孩子放到他的犁前时，他却绕过了孩子，就这样，他的诡计被识破了。

《伊利亚特》中希腊军队里最具智慧的人

在特洛伊战争期间，尤利西斯表现出了骁勇善战的英雄本色，不仅如此，他还是最受希腊各国国王赏识的一位英雄，因为每当他们出现纷争时，尤利西斯总能作出合理仲裁，同时又能将自己置身事外。大家多次请他出面平息风波，特别是与特洛伊人周旋时，总要请尤利西斯来商量应对之策。特洛伊人也由此搞明白了，尤利西斯才是整个希腊联军里最令人生畏的对手，因为他明显是最最聪明的那一位，而恰是这一点，令骄傲自大的埃阿斯愤怒不已。

特洛伊木马

特洛伊战争持续至第十年，尤利西斯心急如焚，他想早点回家与亲人团聚。于是，为了结束战争，他想出了一个绝妙的主意。他命人制造了一匹巨型木马，令希腊士兵躲在里面，然后让其他希腊人装出放弃围攻特洛伊的假象。天真的特洛伊人被一个间谍蒙骗了，他们看见城墙下的木马，以为那是祭神的礼物，就把木马推进了城中……这一事件预示着特洛伊城的陷落和希腊人的胜利。

特供

由军队送货哦！

《奥德赛》讲的是尤利西斯（希腊名为俄底修斯）在特洛伊战争结束后的种种冒险经历，它被誉为文学史上最伟大的作品之一，以及"欧洲文明的奠基之作"，足见这部作品是多么重要！

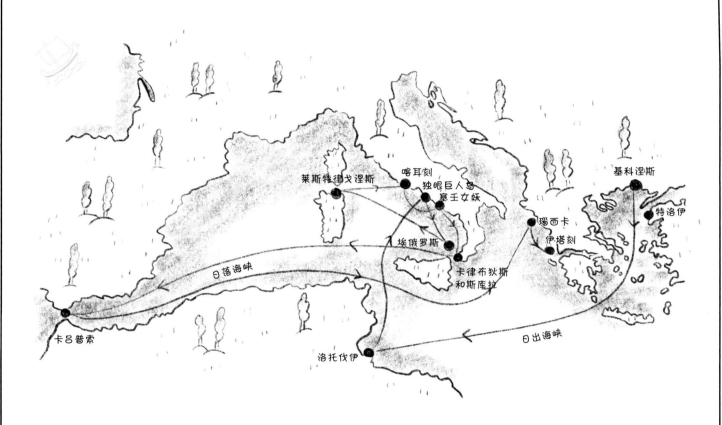

第一章 ✕

基科涅斯人没那么……蠢

特洛伊战争甫一落下帷幕，兴奋的尤利西斯就登船返航了，他率领一支由十二艘船组成的舰队，扬起风帆向伊塔刻驶去。途中，他们绕了一个小弯，去抢劫了特洛伊的盟国、基科涅斯人的城邦，并屠杀了当地的百姓。#古代版旅游观光。尤利西斯把抢来的女人和金银财宝分给了他的伙伴们，他本想马上登船起航，好避开报复，怎奈他的伙伴们痴迷纵情享乐，不愿离开。真是一个错误的选择。幸存的基科涅斯人很快带着援军杀了回来，这下子尤利西斯不得不立刻动身，他不仅扔下了战利品，他的六十几个部下也惨死在了海滩上。游客惨遭不测！

超特别的旅行留念

茄茄茄……子！

第二章 ✕

别触了大霉头

从基科涅斯人那里逃出来后，尤利西斯和他的伙伴们遭遇了猛烈的暴风雨，船只被迫朝着非洲方向驶去。最后，他们在洛托伐伊人的海滩登陆了。当地人只把一种忘忧果（Lotos，有"彩票"之意）作为食物，虽说他们热情好客，但他们满足于吃完忘忧果沉浸在遗忘中，还会丧失所有的意志。尤利西斯意识到了这一危险，强行拉走了那些已经品尝了忘忧果的同伴，重新登船出发。

第三章
（第1集）

不是很好客的波吕斐摩斯

尤利西斯和同伴们后来抵达了独眼巨人岛，为了活下去，他们请求一位名叫波吕斐摩斯的可怕巨人留宿他们，结果巨人把他们和羊群一起关进了自己的洞穴里，并用一块像大山那么重的巨石封住了洞口。接着，他抓走其中两个人，砸碎他们的脑壳，把他们的身体一点一点吞进了肚子里，后来巨人总算睡着了。简直像噩梦一样恐怖。尤利西斯甚至无法趁他睡着时杀掉他，因为只有波吕斐摩斯自己才能把洞口的巨石推开……

笃，笃！有人吗？

蠢货的晚餐

你瞧，就是没有人给我弄成这样的。

是是，没错。来，喝一杯吧。

第三章
（第2集）

波吕斐摩斯，你喝醉了

被吓坏了的尤利西斯只能等待波吕斐摩斯第二天醒来再吃掉两个同伴（哈哈，上午！），然后等他出去牧羊时，再抓住机会实施复仇计划。趁着波吕斐摩斯不在，他磨尖了一根木桩，然后把它藏起来，当巨人赶着他的牲口回来时，狡猾的尤利西斯自称"没有人"，为他献上了好酒，还有一顿新的人肉饭（两个同伴还是牺牲了）。波吕斐摩斯喝得酩酊大醉，对"没有人"的侍奉很感激。

早餐里的朋友

第三章
（第3集）

没有人戳瞎波吕斐摩斯

波吕斐摩斯刚一睡着，尤利西斯就和同伴们把木桩烤热，把滚烫的木桩插进了巨人的眼睛。巨人痛得疯狂大叫，其他独眼巨人闻声赶到被封住的山洞洞口，却因为他一直喊着"没有人"让他痛苦，同伴们听到后便离开了，嘴里还嘟囔着他们不该反抗来自诸神的痛苦。波吕斐摩斯打开洞穴，尤利西斯和伙伴们逃出来藏到了公羊的肚子里。不幸的是，尤利西斯竟荒唐地想复仇，他冲着波吕斐摩斯喊出了自己真实的名字。刚一喊出来，他的名字就被波吕斐摩斯诅咒了，他让自己的父亲波塞冬杀掉尤利西斯，或者至少要杀掉他所有的同伴……

波吕斐摩斯失明，1550 年，波吕斐摩斯壁画的细节，蒂巴尔迪，波吉宫博物馆，博洛尼亚。

躺在床上的波吕斐摩斯被木桩戳中。

第四章

风神为我送来风

尤利西斯的十二艘船后来来到了风神埃俄罗斯的地盘。风神很好客，送给了尤利西斯一只羊皮袋，里面藏着所有的暴风。他只留西风之神泽费罗斯在外面，好带领尤利西斯尽快回家。尤利西斯非常兴奋，连着十天亲自掌舵，不肯松开舵盘。结果，眼看着就要抵达伊塔刻海岸时，尤利西斯却睡着了，他放松了自己。可他的同伴们以为那只羊皮袋里定是装着金银财宝，就趁他睡着的空当打开了袋子。这一下，骇人的暴风发作了，直接把他们又吹回了埃俄罗斯。这回风神才明白，尤利西斯一定是遭到了诅咒，于是他毫不犹豫地直接把他们赶走了。粗暴的风啊！

猛烈的风

我怎么觉着自己有点臃肿呢，你没觉得吗？

第五章

一般好客的巨人

尤利西斯和同伴们满怀沮丧，因为本来他们已经非常接近自己的家乡了。接着，他们又来到了莱斯特律戈涅斯人的海港。海港两侧是高耸的悬崖，十二艘船中有十一艘都驶进了水面平静的港湾，唯有一向审慎的尤利西斯坚持要把船停在港口外面。尤利西斯派了三个侦察兵想先到海滩上摸清状况，结果他们被国王的女儿带去了宫殿。谁知国王也是一位巨人，刚见到他们就抓起其中一个吞进了肚子里，紧接着又叫来了增援。莱斯特律戈涅斯人朝着他们的船只扔石块，结果十一艘船上的士兵们全都被砸死了，唯有尤利西斯和剩下的同伴驾着最后一艘船得以逃生。

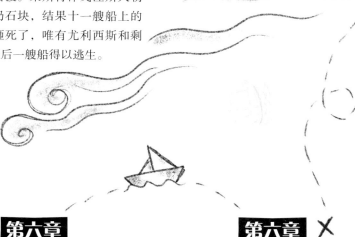

"哦哦哦，啊啊啊，被抛弃的船长长长"

#黄金恒久远

第六章（第1集）

喀耳刻，这只"鸷鸟"名不虚传

经历了如此多悲剧，尤利西斯的心头已留下阴影，他们后来驾驶着最后一艘船又抵达了一座岛屿。不过他和同伴们都已筋疲力尽，只顾趴在岸上暗自垂泪。他们由于害怕，不再敢登岛一探究竟，担心会再次落进那些食人族手里（大家懂的！）。事实上，一个几乎同样可怕、甚至更为邪恶的险境正等着他们：美丽诱人的女巫师喀耳刻，会把客人们变成动物（狮子、狼、长颈鹿等），却让他们保留人类的灵魂！尤利西斯最初的几个同伴，就因为喝了她给的药水变成了猪……

第六章（第2集）

巫师的心里藏着一个仙女

幸运的是，赫尔墨斯决定把尤利西斯从喀耳刻手中救出来。他在尤利西斯的药水中加入解药，并告诉他如何威胁她把其他同伴变回人形。后来喀耳刻变得和蔼可亲，尤利西斯和同伴们在岛上吃喝玩乐，度过了平静的一年。但是当尤利西斯请求女巫放他们离开时，美丽的巫师建议他先去询问一下古希腊最有名的神祇忒瑞西阿斯的意见，而这位神祇在很多年前就已经死去了……

第七章
（第 1 集）

招魂术，招还是不招？

失明的神祇忒瑞西阿斯已经故去很久，为了得到他的意见，尤利西斯不得不用喀耳刻给他的配方（主要原料为鲜血和牛奶），通过一种神奇的带有咒语的仪式唤回死者的灵魂：这就是人们所说的"招魂术"。所有的亡灵都乐于见到尤利西斯，他也由此得以和很多亡者对话，比如他的母亲，但尤为特别的是他见到了英雄阿喀琉斯的亡魂，阿喀琉斯告诉他，自己宁愿做一个活着的、最贫穷的农夫，也不想做这天堂里的国王……一句话总结："死亡，这可不妙。"最好提防着点！

"接通死者"

招魂术 210

妈妈

忒瑞西阿斯向尤利西斯预言未来，1800 年，福赛利。

为了得到神祇的预言，尤利西斯手持利剑，保护着珍贵的招魂术药水。

尤利西斯的能力小结

☑ 意志力
☐ 勇气
☐ 管理能力

0/20

第七章
（第 2 集）

忒瑞西阿斯和喀耳刻的预言

真是让人想不明白，为什么尤利西斯要大费周折去听取亡者忒瑞西阿斯的意见。其实，厚道的喀耳刻随后已经向他传达了与忒瑞西阿斯给出的神谕一模一样的预言：未来，尤利西斯及其同伴绝不能去偷吃献祭给太阳神的圣牛，否则必死无疑。当他们后来真的抵达圣牛之岛时，你觉得尤利西斯会把这一预言告诉他的同伴们吗？当然不会。他只是明令禁止他们吃圣牛，尽管他知道如果他们不这么做就会被饿死。结果很明显，同伴们不明白其中玄机，没有服从尤利西斯的命令。干得漂亮！鼓掌鼓掌鼓掌！

美人鱼的进化

我占个了大便宜！

第八章

不要向塞壬女妖们的歌声屈服

尤利西斯并没有向同伴们交代预言的事，在他们全部死光之前，喀耳刻曾决定指引他们如何从塞壬女妖们的手中逃出：与我们熟知的美人鱼不同，这些女妖是一些长着女人脑袋的猛禽，会用自己美妙的歌声诱惑男人，然后将他们吞食。早有准备的尤利西斯用蜡封住水手们的耳朵，并让大家把他绑在桅杆上，这样他既能听到女妖们的歌声，又不必担心自己会跳到船舷上去：他还真是两头都不耽误啊！

尤利西斯和塞壬女妖们，1891 年，沃特豪斯，维多利亚州国家美术馆，墨尔本。

与我们在这幅作品中看到的不同，女妖们其实不会飞。亏得不会啊！要不然，她们早就用爪子把水手们撕烂了。

尤利西斯离开，与卡吕普索永别，1848—1849 年，帕尔默，惠特沃斯美术馆，曼彻斯特。

第九章
（第1集）

从卡律布狄斯到斯库拉

喀耳刻还告诉了尤利西斯如何破解一个可怕的困境，如今"从卡律布狄斯到斯库拉"这一俗语便由此演变而来，意思是说被钳制在两个致命的危险中间。当时在他们面前只有一条狭窄的通道，一侧是怪物卡律布狄斯，每天会三次吞没周围所有的海水，不会吐出任何活物，而另一侧是斯库拉，一只六头怪物，一口能吃掉六个人。显然，我们会觉得他们只需等到卡律布狄斯吞进海水的瞬间快速通过就好。然而，尤利西斯宁愿选择靠近斯库拉，牺牲掉六个同伴。这样更慎重。

阿姆，斯塔姆，格拉姆……
是你死掉了。

第九章
（第2集）

"为了卡吕普索，请抱紧我。"[1]

历经种种危险之后，尤利西斯率领着七零八落的队伍抵达了赫利俄斯的岛屿，同伴们趁他睡觉时偷吃了圣牛。正如预言所示，这些水手在随后而来的一场暴风雨中都死掉了。尤利西斯作为唯一的幸存者，乘着一艘木筏在海上漂流，最后漂到了美丽的仙女卡吕普索所在的小岛。仙女爱上了他，想让他留下来做自己的丈夫。为了不让他离开，仙女甚至愿意帮助他获得永生的能力，可尤利西斯更想返回家乡与妻儿团聚（好浪漫啊！）。然而，这可不代表说他没和卡吕普索生下一个孩子（一下子就没那么浪漫了吧）。漫长的七年过去了，诸神命卡吕普索放尤利西斯返乡。心碎的仙女于是帮他造了一艘木筏，与他永别了。

1 "请抱紧我"一语出自墨西哥经典流行歌曲 *Besame Mucho*。

第十章

瑙西卡

尤利西斯此后又遭遇了无数的暴风雨，因为波塞冬为了复仇仍不依不饶地跟随着他。当他终于抵达希腊海岸，在距离伊塔刻不远的菲阿希安人的国王阿尔喀诺俄斯的地盘落脚时，他满身污秽，赤身裸体，毛发蓬乱，就连路过的年轻姑娘见了他都吓得惊叫着逃开。唯有国王的女儿瑙西卡被雅典娜赋予了勇气，她帮助尤利西斯沐浴更衣，然后把他带到父母跟前，让他完整讲述了自己的遭遇。大家都被他的故事所打动，阿尔喀诺俄斯命人带着满船的金银财宝陪他返乡……人生大反转！

亲爱的，你这造型不错啊，华丽丽哒！

"英雄归来"这副打扮，有点不合适吧……

第十一章

如狗对主人般忠诚

你们可能觉得故事发展到这一步，尤利西斯的返乡之旅总算要结束了吧。但事实远非如此，他首先得赶走妻子讨厌的求婚者，许多年来，他们一直在纠缠美丽的珀涅罗珀，非要她在他们中间选一个人做丈夫。鉴于此，雅典娜把尤利西斯变成一个谁也认不出来的老头，使他可以隐藏身份返回自己的宫殿，混进那些一直挥霍着他的财富又肆意妄言的谄媚者中间。不过尤利西斯那只已经年迈的狗阿戈斯还是认出了他，它等了主人二十年，虽然他被变成了老头，它还是认出了他，并终于幸福地死去了。（狗狗比人更有人性。）

珀涅罗珀，1849年，斯宾塞·斯坦霍普，个人收藏。

前拉斐尔派和象征派画家斯宾塞·斯坦霍普二十岁时就创作了这幅代表作，当时他在牛津大学读书，钟情于《奥德赛》，并为珀涅罗珀所代表的忠贞之妻的形象深深着迷。

第十二章

步步紧逼的求婚者

作为尤利西斯的妻子，珀涅罗珀的忠贞之心家喻户晓，三年来她一直在用一个小计谋把每个求婚者拒之门外。她许下承诺，说自己日日都在织布，待她完工之日便会从求婚者中选出一位丈夫来。其实，每到夜晚，她便会小心翼翼地把白天织好的布重新拆掉。不幸的是，她的一位女仆揭穿了她。因而，珀涅罗珀不得不组织一场竞赛，好选出一位求婚者来。她规定谁若能用尤利西斯的弓箭射穿排成一列的十二把斧头上的圆环，谁就是她选定的丈夫。其实，聪明的珀涅罗珀在此又耍了个小聪明：因为只有尤利西斯本人才有足够的力量拉开他的弓箭！

呃，怎么样，你还好吗？

听着，英雄！我已经三年没睡觉了，瞧我的指头都在滴血……

棒极了！

第十三章

二十年后的约会

显然，所有的求婚者都白忙活了一场。这时，尤利西斯把一身褴褛衣衫扔到地上，拉开弓，一箭射穿那些斧头上的圆环，这一回，所有人都被吓得目瞪口呆，他们认出他来了。有些人哀求他，有些人攻击他。但尤利西斯毫不留情，把他们全都杀掉了，他们曾对他的妻子、家庭做出种种侮辱之举，还预谋除掉他的儿子，尤利西斯要为此复仇。现在，他终于和家人团聚了，他们紧紧拥抱在了一起。二十年过去，尤利西斯心愿终了。

宝贝们，与你们重逢实在是太开心了，但现在，我得先去睡会儿了。

赐予荷马的至高荣誉，1827 年，安格尔，卢浮宫，巴黎。

画中所表现的所有古希腊和古罗马时代以及现代的杰出艺术家，都曾从《伊利亚特》（左侧红衣女子）和《奥德赛》（右侧绿衣女子）中汲取灵感创作过文学和绘画作品。他们聚集在盲行吟诗人荷马身边，诗人头顶有寓意荣光的桂冠。安格尔以这样的方式来象征他笔下两部杰作带给世人的无限灵感。在这四十六位艺术家中，我们能认出左侧身着红衣的但丁，以及右下方正注视着我们的莫里哀。这幅画作使得最初被视作变革者的安格尔得以进入最纯粹的古典主义画家行列，与其境遇相反的是他的头号对手德拉克洛瓦，在 1827 年同一场沙龙里，德拉克洛瓦展出了他的《萨达帕纳之死》。

尤利西斯，当是何等幸福

《奥德赛》是一部享有极高盛誉的作品，而它的名字也早已成为我们日常用语的一部分（"奥德赛"如今是"冒险"或"奇遇"的近义词！）。近三千年来，受它启迪而产生的文学巨作数不胜数（正如上图安格尔作品中所展现的那样）。例如，杜·贝莱最著名的一首十四行诗开头，"有过远游的人，一如尤利西斯，当是何等幸福……"所有学子都读过这段。相较而言，读过詹姆斯·乔伊斯《尤利西斯》的人就少多了，或者更确切地说，很少有人能读完，这部作品充满了普鲁斯特式的回忆和关于身份无常的描述，坦白讲，这部作品倒是……一部真正想抵达终点的历险记。

尤利西斯在 31 世纪

在神话类动画《尤利西斯 31》中，希腊神话中的英雄和其他人物故事的背景被放到了 31 世纪，这样的情节怎能让人忘记？其中飞船的灵感还是来自著名的《2001 太空漫游》中的 HAL 9000；谁能想到里面的小机器人 Nono，也就是"尤利西斯送给儿子忒勒玛科斯的礼物"，竟涉及如此多的文化内涵！

库斯托的卡吕普索号

海洋仙女卡吕普索的名字有没有让你想起什么？它是库斯托船长那艘神秘的海洋探索舰的名字，他爱这艘舰艇，就像男人爱女人一样。1951 年至 1996 年，他驾驶这艘舰艇在全世界的海域做科学考察，在完成了几乎长达半世纪的荣耀之旅后，这艘舰艇才沉入海中……一年后，库斯托也离世了。这是偶然还是老情人之间的默契呢？

由《奥德赛》演变而来的常用语

如果说"从卡律布狄斯到斯库拉"意指从一个险境跌入另一个险境，"珀涅罗珀之布"象征着永远完成不了的作品，那么"特洛伊木马"则代表着一种病毒软件，会在使用者毫无察觉时入侵你的计算机，植入病毒！符合逻辑啊。

埃涅阿斯

"新特洛伊"的缔造者，古罗马文明的奠基人

埃涅阿斯是古希腊时代的最后一位英雄，也是古罗马时代的第一位英雄。作为阿芙洛狄忒的儿子、特洛伊国王普里阿摩斯的女婿，同时也是特洛伊战争后唯——位幸存且拥有自由的特洛伊人，他被诸神派去意大利重建一座新的特洛伊城，这就是后来的罗马帝国……

埃涅阿斯向狄多讲述特洛伊城所遭受的灾难，1815年，格林，卢浮宫，巴黎。

安喀塞斯的坦率

埃涅阿斯是普里阿摩斯英俊的表兄安喀塞斯的儿子。安喀塞斯年轻时富有魅力，就连阿芙洛狄忒都为之神魂颠倒，女神甚至乔装成一位公主，只为与他共度良宵。翌日清早，阿芙洛狄忒向他宣布了两件事：第一，他们将有一个孩子，未来会成为英雄；第二，她其实是爱神。这一觉醒来压力有点大哦！安喀塞斯本该守住秘密，可显然，他太想炫耀一下了。有一天，他绷不住了……结果，宙斯为了惩罚他，朝他的脚踵掷出了一记闪电。从此，他就成了个跛子。

真不是我吹牛，阿芙洛狄忒和我有一腿！

与特洛伊永别

埃涅阿斯由马人喀戎抚养长大，长大后成了特洛伊最勇敢的守卫者之一，后来他娶了国王普里阿摩斯的女儿克鲁兹，并生下儿子尤鲁斯。埃涅阿斯拥有母亲阿芙洛狄忒与其他诸神的保护和宠爱，他本想为守卫特洛伊战死疆场，然而，他的母亲提醒他不要忘记自己的使命：去意大利缔造一座新的特洛伊城。于是，在特洛伊沦陷于一片火海时，他背着跛脚的父亲，带上家里的灶神，拽着儿子，成功逃走了……

上当受骗的狄多……

历尽七年的艰难流亡后，埃涅阿斯在迦太基遇到了美丽勇敢的女王狄多。某天，因为一场大雨，两人被困在了一个山洞里（#傲慢与偏见的情节）；彼此爱慕，激情爆发。然而，狄多若是嫁给异域之人，便难以向她的臣民们交代，而埃涅阿斯也有自己的使命需要完成。最终，埃涅阿斯听从了阿芙洛狄忒的召唤，决心继续去完成自己的任务，就在他放弃狄多的那一刻，狄多决意听从爱人的心意。不过她看着埃涅埃斯的船渐行渐远，自行了断了生命……

爱留在
山洞里

创建阿尔巴朗格

尽管讨厌他的女神赫拉（其实她讨厌全世界，尤其讨厌特洛伊人）设置了重重阻碍，埃涅阿斯最终还是平安抵达了意大利。在那里，他下到冥府，向几年前亡故的父亲的魂灵讨教，父亲为他预示了罗马帝国的光辉未来，并一直讲到了奥古斯都皇帝。埃涅阿斯还见到了狄多的魂灵，她仍然无法原谅他当初的抛弃……后来，埃涅阿斯与拉丁人的国王联盟，娶了国王的女儿。再后来，埃涅阿斯的儿子尤鲁斯创建了阿尔巴朗格，也就是罗马城的前身。一场伟大的传奇就此拉开帷幕，属于罗马人，而不再是属于希腊人的英雄们登场了！

埃涅阿斯、安喀塞斯和阿斯卡尼乌斯逃离特洛伊，1618年，贝尔南，波格塞美术馆，罗马。

贝尔南这件华美的雕塑作品着重隐喻了人物对家族观念的虔诚。逃离特洛伊的埃涅阿斯扛着他残疾的父亲，而他父亲又托举着罗马人心中的家庭之神——灶神的雕像。在此我们得以见到作品的嵌套模式，雕像中有雕像。小小的尤鲁斯（亦名阿斯卡尼乌斯），因为恐惧躲在父亲的身后，手上还握着家族的圣火——作为祖父与父亲的继承者，他当之无愧！

遇见埃涅阿斯

维吉尔的《埃涅阿斯纪》

万行有余的大型史诗《埃涅阿斯纪》足以与它承袭的800年前的《伊利亚特》和《奥德赛》相媲美。维吉尔（公元前70—前19年）是奥古斯都皇帝的伟大挚友，他的这部长诗旨在讲述罗马帝国的光辉起源，颂扬它的伟大文明。埃涅阿斯便是其中连接古希腊神话与古罗马神话之间的桥梁。连特洛伊的敌人们都为这座城邦的命运所动容，而埃涅阿斯接续特洛伊的辉煌，缔造了一个全新的城邦！

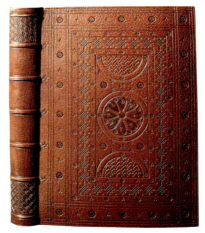

维吉尔作品《埃涅阿斯纪》的封面。

于勒（恺撒）/七月

埃涅阿斯的儿子尤鲁斯创造了"律利亚"家族，后来这一名字演变成尤利乌斯·恺撒的家族姓氏，恺撒甚至因此吹嘘自己是尤鲁斯的祖母阿芙洛狄忒的后代！法语中的七月（Juillet），就是为了纪念尤里乌斯·恺撒而命名的，它源自当初那个叫尤鲁斯的小男孩。当你再看月份牌的时候，请记得想起他啊！

大海、恺撒和阳光
#七月

狄多

迦太基的缔造者

迦太基的缔造者狄多勇敢且命运非凡。因此，维吉尔才会在故事中让她爱上了罗马文明的开创者埃涅阿斯……

狄多建造了迦太基或蒸蒸日上的迦太基帝国，1815 年，特纳，国家博物馆，伦敦。

左侧身着白衣的就是狄多，她站在丈夫的坟墓旁，指挥着港口处宫殿的建造，这些宫殿象征着迦太基的繁荣。右侧高处依稀可见比尔萨城堡。特纳在此直接借鉴了克洛德·洛兰创作于 1648 年的名作《萨巴女王登船》，他甚至要求在国家博物馆中把自己的作品挂在克洛德·洛兰的作品旁边！请注意一下画中淡红未落的太阳，这是因为在 1815 年的几个月中，一次火山爆发遮蔽了它红色的光芒……

咱们从提尔逃走吧

狄多是黎巴嫩的提尔国公主，也是国王皮格马利翁的妹妹。她后来嫁给了自己所爱的大祭司阿瑟巴斯，这位祭司比国王还要富有，比国王权力更大。皮格马利翁嫉妒妹夫所拥有的巨大财富，于是约他去打猎，然后，砰，他的妹夫坠下了悬崖。好蠢的意外！聪明的狄多佯装用船载上丈夫的财富带去给她的哥哥，实则利用这些船只，带上自己的亲信逃走，远离了皮格马利翁和提尔国。

超级聪明的女王

狄多路过克里特岛时，为了让自己的亲信能娶到妻子，瞅准机会从岛上带走了 80 个年轻女孩，然后他们抵达了现在的突尼斯。当地土著人对她抱有敌意，拒绝出卖土地给她，但却宣称最多只能卖给她一块面积相当于一张牛皮大小的土地。狄多可一点也不笨，她把一张牛皮裁剪成细细的皮条，然后首尾相连，圈出了一座城堡大小的地盘，她给城堡取名比尔萨（"牛皮"），这就是后来的迦太基（"新城"，突尼斯的前身）。够厉害，难道不是吗？

"还有一公里要缝，真累啊，累死了。还有一公里，我的手腕好酸痛！"

狄多之死，夸佩尔，17世纪，法布尔博物馆，蒙彼利埃。

在对狄多之死的处理上，夸佩尔没有在两个版本中作出选择。我们看到在王后的左手上有一把匕首，证实了维吉尔的版本；但同时狄多又是躺在柴火堆上，一如希腊版本所描述的那样。两方面都考虑到啦！

迦太基的地图

在地理学家斯特拉波看来，迦太基城就像一艘"抛锚的船只"：面向地中海，港口发达，商业强盛……直到公元前149年被罗马人摧毁，夷为平地！

自尽（罗马版）

据伟大诗人维吉尔的罗马版神话所述，狄多接待了从特洛伊逃来此地的埃涅阿斯。埃涅阿斯向这位迦太基女王讲述了自己的遭遇，狄多深受触动——该来的早晚会来，两人很快坠入了爱河，埃涅阿斯甚至把自己要去意大利开创罗马文明的神圣使命抛诸脑后。于是，宙斯不得不派赫尔墨斯去提醒他，埃涅阿斯最终放弃了狄多，狄多为情所伤，最终用利刃穿心自尽。嘘！

自尽（希腊版）

罗马版中埃涅阿斯的爱情使中世纪的诗人们大为恼火，他们想告诉大家"真实的故事"：当地土著人的国王伊阿赫巴斯给狄多两个选择——要么嫁给他，要么他就对迦太基人发动战争。狄多思念着曾经的丈夫，完全不想与这个粗鲁的伊阿赫巴斯结婚，然而此刻她却承受着来自同胞的压力。面对两难的处境，她以为丈夫服丧为由，请求宽限三个月再作决定。然而等丧期结束时，她却跳入了为纪念自己的丈夫而点燃的火堆中。

神话知识小测验
哪一项没有参与杀死狄多？

Ⓐ 剑　　Ⓑ 火堆

Ⓒ 一张循环播放的派翠克·塞巴斯坦的CD

遇见狄多

普赛尔作品中的狄多与埃涅阿斯

在维吉尔笔下，埃涅阿斯与狄多的爱情故事是为了彰显罗马帝国的光辉起源和他朋友奥古斯都皇帝的伟大。不过这段动人的故事也为普赛尔提供了灵感，他于1689年创作了一部华丽的歌剧——《狄多与埃涅阿斯》，该剧随后成了巴洛克音乐的代表作。在剧中，狄多担心她对英俊的埃涅阿斯的爱情若是为人所知，会让臣民们失望，可就在她将此事昭告天下时，埃涅阿斯却将她抛弃了。狄多在自杀前那首令人心碎的哀歌《当我在地下长眠》中，请仆人记住她，但却请她忘记自己的命运。

安妮，我的妹妹安妮

"安妮，我的妹妹安妮，难道你没看到有人来吗？"这句话有没有让你想起什么来？通常会想到《蓝胡子》的故事吧！事实上，这句话是借鉴了《埃涅阿斯纪》中的情节，当时狄多和她的妹妹安妮·佩莱娜站在比尔萨城堡中，从高处看着埃涅阿斯为出发做着准备。心碎的狄多惊呼："安妮，你看见他们在海滩上迫不及待地要走吗？"（夏尔·佩罗曾为它加了一句著名的回答："我只看见阳光照出浮尘，青草泛起绿波，除此一无所见。"）

《蓝胡子》，石版画。

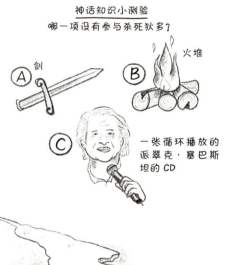

城墙

比尔萨城堡

今日突尼斯

港口

答案：选了什么不重要，怎么组合都算对。

罗慕路斯与雷穆斯

创建罗马的孪生兄弟

　　罗慕路斯和雷穆斯是一对孪生兄弟，乱伦之子（就词源意义而言，乱伦有"非贞洁"之意，因为他们的母亲本该保持贞洁之身），据说他们在公元前 753 年创建了罗马城。他们的父亲是战神阿瑞斯，不过这位战神在建城的故事中声名狼藉……

卡比托利欧的母狼，1484—1496 年，保莱沃罗，卡比托利欧博物馆，罗马。

行李牌和货币上的母狼图案。

贞洁母亲与国王之女

　　罗慕路斯和雷穆斯的母亲瑞亚·西尔维亚本是一位公主，后来却做了"修女"，也就是女祭司。从担任圣职开始，她需要在三十年间保持处女之身，否则就会赤身裸体地遭到鞭打，然后被活埋！她一直乖乖地做着贞女，直到有一天，她去河边清洗圣物，却在献给战神阿瑞斯的一片圣林里睡着了。可怕的战神看到这位美人，便趁她睡着时玷污了她。他犯下双重罪行，却让无辜之人付出了双重代价……

母狼哺婴

　　可怜的瑞亚·西尔维亚很快发现自己怀孕了，当国王也就是她篡位的叔叔察觉此事后，命人把她囚禁起来，并要遵照传统，溺死她的双胞胎孩子。西尔维亚先是被强暴，然后又被自己的叔叔杀死！幸好，溺死两个孩子的命令没有被执行，他们被装进篮子扔到河边草草了事……后来来了一头母狼，不仅没有吃掉他们，还哺育了这两个小婴儿，直到一名牧羊人发现了这桩奇事，决定从今以后收养这两个孩子。

不可逾越的犁沟

　　刚刚长大成人，兄弟俩就决定在靠近他们当初被发现的地方建起一座城。据说那一天是公元前 753 年 4 月 21 日，两人当时各站在一座山头上，与弟弟相比，罗慕路斯看见了更多的预兆（秃鹫盘旋），于是他在地上划起一道犁沟，欲为城墙限定边界。不料这惹怒了雷穆斯，他跳到犁沟之上取笑哥哥。暴怒的罗慕路斯当即杀死了他的弟弟，并宣称，无论是谁，胆敢跨过他的犁沟，都将是同样的下场……这可真不是开玩笑啊！

公元前 260 年。

希腊名：在希腊世界里，他们的名字不存在。

词源：罗马

父亲：阿瑞斯

母亲：瑞亚·西尔维亚

我真不知道收养他们到底是不是个好主意啊！

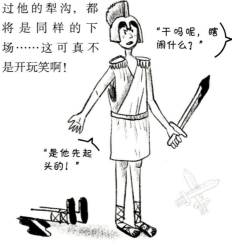

"干吗呢，瞎闹什么？"

"是他先起头的！"

掳掠萨宾女人

可惜的是，罗慕路斯的新城邦里居民都是单身男性，尤其是流浪汉与逃出来的奴隶，必须找到一些女人让他们结婚才行。于是罗慕路斯邀请邻邦的萨宾人一起欢庆节日，却出其不意地掳走了他们的妇女。萨宾男人们无比愤怒，发动战争予以还击。战斗场面非常惨烈，而萨宾女人们一方面想救自己的父亲和哥哥们，另一方面又想救她们的新丈夫，于是她们从中斡旋，最终平息了双方的战火。而罗马自此便有了两个国王：罗慕路斯和萨宾王！

一颗真心献给你！

我想要一个妻子。

表现罗马缔造者罗慕路斯和雷穆斯母亲的木刻画（通史档案）。

电影《掳掠萨宾女人》海报，1961 年。

遇见罗慕路斯和雷穆斯

城市的名字

当然，假设这两兄弟真的存在过，那罗马的名字起源就是有迹可循的，因为我们可以从罗慕路斯（和雷穆斯）的回忆中寻找。但是，由于罗马人把罗马看作唯一真实存在的城市，他们通常就把它简称作"城市"（Urbs，拉丁语）。甚至习语"Urbi et Orbi"就由此而来："城市与全世界"，好像你对着罗马说话就等同于对着全世界说话一样！

在雕塑作品中——母狼

在罗马卡比托利欧博物馆中，有一件非常著名的母狼哺育双胞胎兄弟的雕像，名叫《卡比托利欧的母狼》。对于那些试图对神话故事作科学分析的人来说，他们习惯把那个收养了罗慕路斯和雷穆斯的牧羊人的妻子解释为"妓女"（妓院一词就是由拉丁语中"Lupa"一词演变而来，而"Lupa"也有"母狼"之意）。或许神话故事也可由此开启……

美杜莎的头，1617—1618 年，鲁本斯，艺术史博物馆，维也纳。

野兽与妖怪

　　古希腊人的世界充斥着超自然的现象、奇怪可怖的妖怪与野兽、带有传奇色彩的女人，他们的统治似乎已延伸至宇宙边界……接下来我们将看到的这些主角有可能会起到吓唬孩子的作用（你要是不把汤喝掉，美杜莎就会来找你哦！），大人们也一样，只要一想到那些亡者在他们的坟墓里备着蛋糕准备哄骗看门犬刻耳柏洛斯，就毛骨悚然！

帕伽索斯

古代最好的战马

帕伽索斯是一匹拥有华美翅膀的白马，曾帮助过很多英雄。古代最好的战马之名，可谓实至名归！

骑着飞马的柏勒罗丰杀死喀迈拉，1723 年，穹顶局部，乔凡尼·巴蒂斯塔·提埃坡罗的壁画，桑迪－波多宫，威尼斯。

一个让人惊呆（美杜莎式）的美人

帕伽索斯的母亲美杜莎（或是戈耳贡）一开始并不是个妖怪。事实上，她是两位海神的女儿，起初甚至是个有着一头浓密卷曲秀发的绝对美人。当狂躁甚至暴力的海神波塞冬见到她时，无比渴望占有她，于是把她带到雅典娜的一座神庙里玷污了她。你觉得谁会因此受罚？当然不会是波塞冬，而是可怜的美杜莎，希腊人的世界一向如此。美杜莎于是被变成了妖怪，她与波塞冬的孩子也被留在了她的血液里，凝固不动。

生于斩首

珀尔修斯杀死了丑陋又可怕的美杜莎，由于她的目光能将人石化（真的就如字面意思所言，她的目光能让人变成石头），珀尔修斯在砍下她的头时故意避开了她的眼睛。结果当时有几滴血落到了地上，帕伽索斯就从美杜莎的血液里冒了出来，变成了一匹华丽的飞马，不仅洁白无瑕，而且身有双翅，自从美杜莎被变成妖怪，他就一直被困在母亲的身体里……话说回来，波塞冬其实应该是马神，因为是他为雅典人创造了飞马！

可真是个大小伙子呀！

他好英俊。

遇见帕伽索斯

商标

数字本身就能证明帕伽索斯的品牌影响力,我们可以清点出74个品牌或商标采用了帕伽索斯的名字和标志!从某家大型土耳其航空公司到哥伦比亚旗下拍出过多部成功影片的三星影业,大家都愿意彰显飞马形象带来的内涵与价值:轻盈、迅捷、高效、不可征服……总而言之,它就是崇高的体现!

历史

帕伽索斯的威望极高,人们甚至把它看作信息女神。古人常说其实信息女神就是长着翅膀、可以让人驾驭的……一则古代神话甚至由此诞生。罗马帝国第一位真正的皇帝,也是恺撒养子的屋大维·奥古斯都在有生之年功勋卓越,在他死去时,罗马人都相信他是被帕伽索斯带去了天国!

电子游戏——常用名

帕伽索斯的神话故事深入人心,人们于是用他命名所有电子游戏、奇幻故事和角色扮演游戏中的飞马形象。甚至在纹章艺术中也如此,某些徽章或是标志中也常见带着翅膀的飞马形象(比如法国马延省的标志)!

柏勒罗丰驾着飞马,1935年,福蒂尼诺·马塔尼亚。

柏勒罗丰

从出生起,帕伽索斯就在天空中飞翔,很快就惹来所有希腊人的觊觎,尤其是一些英雄,他们都梦想着能驾驭这样一匹厉害的战马。英雄柏勒罗丰当时被派去承担一项无法完成的任务,他在一座雅典娜的神庙里睡觉时,梦见女神送给自己一副镀金的缰绳,能够驯服帕伽索斯。待他醒来时,奇迹出现了,缰绳真的有魔力,而帕伽索斯也让柏勒罗丰骑上自己的马背,并陪他一起经历了随后所有的冒险。

闪电携带者

柏勒罗丰是唯一懂得如何驯服飞马的人,他陶醉在自己创下的功勋里,差点给帕伽索斯带来灾祸。由于他觉得自己的英勇战绩足以比肩诸神,怀着某种野心,他试图驾着飞马直接登上奥林匹斯山。胆敢亵渎神祇!就在他抵达山巅之际,幸而帕伽索斯拒绝了他的命令,得以逃脱,不过柏勒罗丰还是被勃然大怒的宙斯击倒,摔下山去。正是这件事过后,帕伽索斯获得了为众神之神携带闪电的权力。

罗马名:帕伽索斯
词源:"泉水"
绰号:闪电携带者
父亲:波塞冬
母亲:美杜莎

中码B号闪电!

这家伙是把我当球童使呢还是干吗?

复仇三女神

掌管复仇的女神们

希腊名：厄里倪厄斯

词源："憎恨""复仇""无情"——全套
规划……

绰号：可敬之人，和蔼之人

父亲：天空之神乌拉诺斯的血

母亲：大地之神盖亚

复仇三女神被希腊人称作厄里倪厄斯，她们的角色充满矛盾。作为道德法则的守卫者，她们保护穷人和弱者，追究有罪之人，是悔恨之心的化身。但她们又是"地狱之人"，很难得到他人的好评……

地狱三重奏

复仇三女神墨该拉、阿勒克托、提西福涅有点像戈耳贡三姐妹的翻版。和后者一样，她们也是蛇发——但我们能注意到她们身上的小特征，尤其是她们流着血泪的眼睛。三姐妹长着黑且丑陋的翅膀，举着燃烧的火炬和鞭子，发出犬吠声，折磨她们的战利品，既不接受休战，也不接受酌情减刑或是哀求。她们无情地将复仇进行到底，直到受害者走投无路被逼疯才肯罢手。

罪犯收容所变成疯人收容所

复仇三女神的冷酷无情使希腊人觉得有她们负责此事，再对犯罪者施以人为的惩罚是没有必要的。而且，她们神圣不可侵犯的神庙遍布整个希腊，罪犯们可以在其中避难。例如，在雅典就有两处这样的地方。宽容？似乎并非如此。据古希腊地理学家兼旅行家保塞尼亚斯描述，那些进入神庙的人通常出来时已经完全疯了，后来这些收容所就被禁止使用了。

善心女神

复仇三女神很不受欢迎，不只世人害怕她们，就连诸神也厌恶她们。事实上，她们会为了一个人的错惩罚整个国家，俄瑞斯特斯杀害他母亲克吕泰涅斯特拉时，她们就是这么做的。有时，她们被反讽地叫作"善心三女神"，这也和俄瑞斯特斯被雅典法庭宣告无罪一事有关。大家把这个名字送给她们是为了讨好三姐妹，也为了平息她们的怒火。

遇见复仇三女神

悍妇与复仇女神

如今，恶毒又爱嚷嚷的女人会被叫作"墨该拉"，意为"悍妇"（想想莎士比亚的名剧《驯悍记》）。不过当我们知道墨该拉就是第一个复仇女神的名字时，就不会觉得奇怪了。而法语词汇中，"愤怒的""狂怒""猛烈"等都是由复仇女神的名字演变而来的。

龚古尔奖

2006年，乔纳森·利特尔凭借小说《复仇女神》一举摘得龚古尔奖，而他这本小说就题献给了复仇三女神。其实小说的名字已经给出了重要暗示，因为有埃斯库罗斯的《俄瑞斯特斯》在先，我们或许会觉得主角对母亲及母亲情人的谋杀（书中并未交代结果）可能会是书中讲述的主要内容，毕竟俄瑞斯特斯已经把他的母亲及其情人杀死了……但是，《复仇女神》中的男主角与俄瑞斯特斯有一个不同之处，这一差别会把人吓得血液都瞬间凝固。他是一个令人胆战的纳粹分子，还参与过对犹太人的大屠杀，他开枪杀死他们或是将其关进集中营，而毫无良心上的自责与内疚，甚至没有任何迹象表明他可能为他犯下的罪行赎罪！

维吉尔和但丁遇见复仇女神，但丁《神曲》（1265—1321年）中的插画，1885年，古斯塔夫·多雷，装饰艺术博物馆，巴黎。

《驯悍记》，1967年，弗朗哥·泽菲雷里导演，伊丽莎白·泰勒主演。

喀戎

智慧的马人

喀戎是最著名的马人，拥有马人的能力和他们身上美好的一面，但又不像其他马人那么粗鲁。相反，他以自己的智慧和学识闻名于世，还是诸神钟爱的教师，尤其受到医药之神阿斯克勒庇俄斯和英雄阿喀琉斯的尊敬。

喀戎教阿喀琉斯使用弓箭，让·巴提斯特·勒尼奥，惠康典藏博物馆，伦敦。

50% 是人，50% 是马，100% 是弃儿

喀戎的父亲克罗诺斯要为马人的样貌负责。事实上，已婚的克罗诺斯和美丽的仙女菲利拉上床时，为躲避妻子的监视，就把自己变成了一匹种公马。正因如此，他的宝宝一半是人，一半是马。不幸的是，儿子出生后，菲利拉被他畸形的样貌吓坏了，她抛弃了这个新生儿，并请求诸神把自己变成一棵椴树。克罗诺斯也没有对这个私生子尽到做父亲的责任，因为那样会暴露他的不忠，所以他也放弃了喀戎。#孤单一人在世上。

古代最受喜爱的教授

喀戎与其他马人不同，一方面是由于他的出身（其他的马人都是可怕的伊克西翁和乌云所生），另一方面是他的性格。不同于那些粗鲁又残暴的马人，喀戎以自己的智慧和学识闻名于世。阿尔忒弥斯和阿波罗曾教他打猎、医学、音乐和占卜，他又把这些知识再教给别人，尤其是医学知识，因此他成了一位举世无双的教育家，他的学生有医药之神阿斯克勒庇俄斯，以及英雄阿喀琉斯、赫丘利、伊阿宋。总之，喀戎是古代最受人喜爱的教授！

喀戎的膝盖，阿喀琉斯的脚踵

不幸的是，喀戎的学生赫丘利在执行第四项任务时意外把他害死了。当时，赫丘利因为喝酒与其他马人大打出手，他用沾有九头蛇许德拉之血的毒箭射死了他的敌人。但喀戎在照顾一位朋友的时候膝盖受伤，伤口又不小心沾染上了毒血。喀戎剧痛难忍，宁愿放弃自己的永生之身，也不想这样忍痛活下去。于是他把自己永生的能力送给了提坦巨人普罗米修斯。

遇见喀戎

人马座标志

喀戎的悲剧触动了宙斯，他于是把喀戎变成了人马座，其中最有名的比邻星是距离太阳最近的恒星（只有短短四光年！）。最厉害的地方可能还是喀戎作为人马座的标志，他教人拉弓射箭，比谁都教得好。如果你出生于 11 月 23 日至 12 月 21 日之间，你就会知道你的星座看起来是多么智慧又时尚！

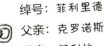
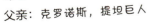

绰号：菲利里德
父亲：克罗诺斯，提坦巨人
母亲：菲利拉，海洋仙女

卡戎和刻耳柏洛斯

冥府的摆渡人与看门犬

当一个希腊人离开人世进入冥府前，他需要经历两件事。首先，他需要请求凶恶的摆渡人卡戎帮他渡过阿刻戎河，那是一条结着冰的黑色地狱之河。然后，到了河的对岸，他还要面对看守冥府大门的恶犬刻耳柏洛斯。

卡戎横穿斯提克斯河，1520 年，帕提尼尔，普拉多美术馆，马德里。

帕提尼尔的作品主题中含有一个悬念：卡戎到底会把小船上的灵魂送去哪里呢？左边有天使，看得出是天堂；右边，在斯提克斯河的另一侧，我们能看到刻耳柏洛斯正守着火中冥府的大门。帕提尼尔在此把基督教神话和希腊神话混合到一起，因为通常在希腊人看来，"冥府"同时包含着天堂（香榭丽舍）和地狱（鞑靼）两个概念。

卡戎，贪财的摆渡人

卡戎是个贪财又不好惹的摆渡人，一百年间，他任由那些没有举行过葬礼，或是眼睛上或嘴巴里没放钱币的亡灵留在阿刻戎河岸边游荡，并对此毫无内疚之意。如果你付得起钱，他就会让你登上他的小船，然后把船划到黑色的河水中间，那些没钱的亡灵就在水中漂浮着，他们徒劳地哀求着卡戎，让自己登上他的小船，而卡戎则会用船桨将碍事的他们一棒子打死……

有三颗脑袋却没有心

一旦穿过阿刻戎河，卡戎就会把你带到刻耳柏洛斯面前，那是一只有着三个头的恶犬——三个脑袋分别看向过去、现在和未来。凶恶的卡戎会吓唬人，即便人家哀求他开恩，他也绝不会让任何亡灵从冥府里面跑出来。刻耳柏洛斯也会恐吓那些没给他送上蜂蜜蛋糕哄他开心的亡灵，如果亡灵不满足他的要求，就不能进入冥府得以安息……（很明显，要么不受待见，要么给钱，还是得有备而来啊！）

集父母可怕之处于一身的儿子

刻耳柏洛斯本身是个怪物，而他的母亲埃凯德娜上半身是正常女人的样子，下半身则是一条体形巨大、丑陋吓人的大蛇。他的父亲提丰最初也是神祇，但长着一百只龙头的他作恶多端，有时还会化作一阵烟，后来他被宙斯打败，压在埃特纳山下。自那以后，每次他一动弹，就会引起火山喷发！刻耳柏洛斯混合了父母双方的特点：父亲的多头和母亲的蛇尾。

我想不明白，为什么你会以自己的父母为耻呢，我的刻耳柏洛斯。

虽有三颗头，脑子却不咋灵

尽管长着三颗脑袋，但刻耳柏洛斯却算不上聪明。正因如此，俄耳甫斯才能通过弹奏里拉琴成功地把他给哄睡着（《哈利·波特》中赫敏、哈利和罗恩在魔法学校里也用了这一招），而普赛克和埃涅阿斯只是用一块催眠蛋糕就轻易骗过了他。至于赫丘利，他在执行某项任务时，把刻耳柏洛斯打得很惨，这只可怜的三头狗甚至被缩小成一只口袋版的小狗狗，赫丘利轻松把他揣在身上，后来又把他送回了地府。

遇见卡戎和刻耳柏洛斯

词语

刻耳柏洛斯不光出现在法语词汇中（特指凶神恶煞一般无人敢惹的看门人），在文学作品《哈利·波特》里也有他的身影，还有那尊伏在冥府之神普鲁托脚下的雕像，也尤为著名。除此之外，围绕冥王星的一颗天然卫星也以"刻耳柏洛斯"的名字命名（这些天文学家还真顽皮啊）。

冥王星的两颗卫星：卡戎和刻耳柏洛斯。

诗歌

在奈瓦尔非常优美的诗歌 El Desdichado（《不幸的人》）里，诗人就提到"胜利者"利用俄耳甫斯的里拉琴穿越阿刻戎河的故事；但最为著名的还要数但丁在《神曲》中对阿刻戎河的描述（"曲"是指这部作品是用拉丁文写的，而非意大利文，可没有"滑稽搞笑的"意思）。有时阿刻戎河和斯提克斯河会被人混淆，其实阿刻戎河是后者的一条支流，而后者实际上是一条守誓之河……

罗马名：卡戎
父母：夜神尼克斯与黑暗之
神厄瑞玻斯

罗马名：刻耳柏洛斯
词源："肉食者"
父母：提丰和埃凯德娜

卡戎和普赛克，1883 年，斯坦利·斯宾塞。

携带阿芙洛狄忒交给她的任务，普赛克来到冥府寻找一个珍贵的小瓶。通常只有死人才允许过河，但卡戎为此开了一次先例，他从普赛克的嘴里拿走奥波尔（古希腊的一种钱币），并答应帮她渡河。普赛克还备着一枚奥波尔，好支付自己的回程……

125

塞壬女妖

长着翅膀却无法飞翔的女妖

与北欧民间故事里令人喜爱的美人鱼不同，希腊神话中的塞壬女妖样子十分可怕，她们长着猛禽的身体和女人的脑袋……但最可怕的是，她们会活活把男人吃掉！不过，女妖们的歌声却像精灵阿里埃尔那样好听。# 喔唷！

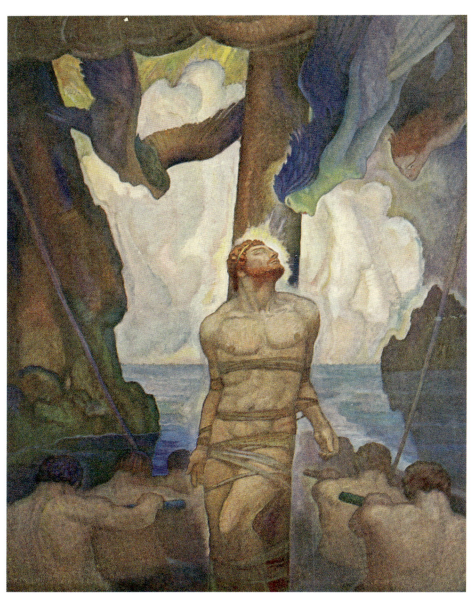

塞壬女妖，1929 年，怀斯，个人收藏。

阴险的女妖

古希腊的塞壬女妖可与迪士尼电影里温柔的美人鱼全然不同。不过，她们也是音乐家，歌声非比寻常。可当埃里克王子遭难时，她们不但不想伸出援手，反而想把他吃掉。此外，她们还想让王子的船撞到峭壁上撞个粉碎！而在《奥德赛》的描述中，这些女妖们就坐在那些被她们吃掉的男人的白骨与干尸堆上，上面还有腐烂的山羊皮……有意思。

选角
小女妖

"哦，抱歉，你不适合这个角色，下一个！"

是鸟不是鱼

为什么塞壬女妖如此可怕呢？事实上，她们也是在为自己赎罪，不过她们曾经犯下的过错也没那么可怕。其实她们一开始都是一些普通的女人，还是珀尔塞福涅的女伴，只是当哈得斯掳走这位年轻的女神时，她们没能抵挡得住……可我们说句公道话，谁又能跟冥府之神抗衡呢？也许是得墨忒耳过于伤心，她为了讨个公道就把这些女人变成了鸟的样子，并命她们一直歌唱着冥府的预言。

失败的女妖

只有两位英雄曾战胜这些女妖：一位是尤利西斯，他让水手们用蜡封住耳朵，又命人把自己绑在桅杆上，这样一来，他既能听到歌声，又不会被她们给勾引走。另一位是音乐家俄耳甫斯，他用自己的歌声成功战胜了女妖们，甚至女妖们还被他迷住了，她们陶醉在俄耳甫斯的歌声中，纷纷自杀。经历几次失败之后，很多女妖都从峭壁高处跳进海中自寻绝路了。无法接受失败的女妖们啊……

罗马名：塞壬女妖
地点：墨西拿海峡（在西西里岛和意大利之间）
父亲：阿涠洛阿斯河
母亲：卡利俄珀

玻璃心的塞壬女妖之崖

遇见塞壬女妖

在欧洲文化中

恐怕大家最想知道的是，为什么法语用来表达塞壬女妖的美人鱼一词（英文 Mermaids）是指人身鱼尾，可在希腊神话里她们却明明有着禽鸟的外形。这个嘛，其实很简单，北欧神话里出现的确实是人鱼。这个传说在英国人那里也是有明确区分的，他们分别用了两个不同的词来表达，可到了法国人这里，二者混淆得厉害，最后只用一个词来表达了，渐渐大家也就忘记了最初希腊禽鸟的版本了。

美人鱼和渔夫，1858 年，莱顿。

火灾警报还是能引起火灾的警报？

幸运的是，如今美人鱼的形象与古希腊的塞壬女妖们相比，已经变得非常正面了，这多亏作家安徒生写出了《小美人鱼》，以及迪士尼出品的同名电影！她们甚至还进入我们的日常用语里，因为她们的歌声太美妙了，有人受到启发，在 1819 年用了这一词语来表示响亮的警报声，这个人可是法国人（查理·卡尼亚德·拉图尔）哦！

在历史中

在古典时代和中世纪，人们的科学知识十分匮乏，导致在相当长的时期里，人们真的相信美人鱼在现实中是存在的，这有点像人们过去对麒麟的看法。因此，当克里斯托弗·哥伦布讲述自己的美洲之旅时，他还得意地宣称曾遇到过美人鱼，他当时还语气平静地补充道："可是，她们没那么漂亮。"这个骗子！（厚道的历史学家们解释说，或许哥伦布搞混了，他看到的其实是海牛，这种海洋哺乳动物长着一只狗头。好吧。）

请欣赏这只漂亮的美人鱼（在佛罗里达州的水晶河里畅游的海牛）！
#你也一样，描述生活的方式跟哥伦布似的。

无喙之鸟，且不会飞

塞壬女妖们除了长相丑陋，又有吃人的可怕习惯外，还因为对自己的嗓音引以为傲而闻名，她们甚至敢挑战缪斯女神的歌喉。缪斯女神是宙斯与摩涅莫绪涅的九个女儿。当然，缪斯女神取得了胜利，并要求用塞壬女妖们的羽毛做一顶桂冠，女妖们因此便被剥夺了飞翔的能力。不过这对于尤利西斯来说倒是件幸事，要不然的话，她们还不得飞起来把他撕个粉碎！（嗯，是得承认，沃特豪斯是一位好画家，可他真是没好好读读经典啊！）

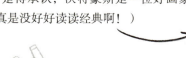

尤利西斯和塞壬女妖们，1891 年，沃特豪斯，维多利亚国家美术馆，墨尔本。

亚马逊女人

古代的女战士

　　亚马逊女人来自一个非常著名的女战士族，她们只有一个乳房，像她们的父亲，也就是战神阿瑞斯一样钟情战争。她们还厌恶婚姻，这在男人们眼中，简直就是渎圣之举……她们堪称原始版女权主义者的完美代表！

电影《神奇女侠》，2017 年。

有别于螳螂

　　亚马逊女战士是所有男人心中的阴影，她们全族都是女人，且从不和男人生活在一起。但每年都有一次，她们会挑选出最帅的男人，利用他们繁衍后代，然后再把男人杀死。她们生出来的男孩，要么被杀掉，要么被留下来做奴隶。简直就是噩梦！在某些传说里，她们甚至会扭断男婴的胳膊和腿，抠掉他们的眼珠，只为让他们丧失作战能力，好给她们当奴隶……

请把这只乳房藏起来……

　　好像光有残忍的本性还不够，这些亚马逊女战士看上去似乎还毫无羞耻心。她们把一只乳房裸露在外，另一只则随时代变化做不同的处置，要么用薄纱遮住（古代），要么切除（当今）。希罗多德——这位勇敢的男人曾相信她们的真实存在——认为她们的名字取意于 a（"没有"）mazos（"乳房"）……据说这样，当她们拉弓射箭时，乳房就不会碍事了！不过可以确定的是，她们是草原上的女战士，而亚马逊女人所属的种族也是最早使用骑兵作战的部落。

坏蛋

坠入爱河招来不幸

亚马逊女战士中最为人熟知的女王名叫希波吕忒，这个名字对于一个优秀的女骑兵来说再合适不过，因为它意指"松开马匹的人"。希波吕忒是阿瑞斯的女儿，有一条非常著名的由父亲送给她的腰带。赫丘利当初为了完成第九项任务，不得不从她手里夺取腰带。希波吕忒当时意外爱上了他，但赫拉暗中使坏，让大家误以为这是一场阴谋，于是亚马逊女战士们为了保护女王向赫丘利投掷标枪，准备杀死这位英雄。希波吕忒被夹在两方中间，不得不把赫丘利接到自己家中，临死前，她把腰带送给了赫丘利，他于是拿着腰带逃走了……

带有黑白图案装饰的陶器，埃克塞吉亚斯绘制的双耳尖底瓮，表现了阿喀琉斯和彭忒西勒亚两个人物，是希腊文明的代表。阿喀琉斯在杀死王后彭忒西勒亚的时候爱上了她。

亚马逊之战

实际上并非所有亚马逊女战士都抗拒婚姻，她们中的安蒂奥佩就爱上了陪同赫丘利一起来寻找希波吕忒腰带的忒修斯。忒修斯劫走了安蒂奥佩，并娶了她为妻，她后来还成了雅典的王后。不过亚马逊女战士们随后攻击了雅典城，其中一个人意外杀死了安蒂奥佩，忒修斯随后也将她杀死了……亚马逊女战士们后来在阿瑞斯的山丘（卫城）附近战败。忒修斯把她们葬在自己的城市，从此那里成了每年做圣祭的地方。

遇见亚马逊女战士

神奇女侠

在影视中，对亚马逊女战士这一故事最为成功的演绎要数电影《神奇女侠》，又名《戴安娜公主》。这位公主是女王希波吕忒的女儿，在隐蔽于人群中的天堂岛统领着亚马逊女战士。在盖尔·加朵主演的《神奇女侠》中，戴安娜对抗阿瑞斯，这一她们部落不共戴天的敌人……这样的情节对于希腊人来说恐怕是大逆不道的，因为阿瑞斯可被看作所有希腊女战士们的父亲啊！

亚马逊河的由来

只有生活于公元前5世纪的大历史学家希罗多德相信亚马逊女战士真的存在过。后来到了16世纪，当第一批西班牙探险队在北美洲赤道地区考察时，队员奥雷利亚纳认为自己在马拉尼翁河河岸找到了类似的部落，于是他就把这条河叫作"亚马逊河"（编者注：现译作亚马孙河）！传奇永存……

坐上亚马逊马鞍

据说亚马逊女战士是第一批骑上马背的古代人。后来凯瑟琳·德·美第奇发明了双钩侧坐马鞍（一个钩子固定一条大腿），女人可以穿着漂亮的裙子把双腿放在马匹的同一侧，人们给这种坐姿起名叫"亚马逊女战士"……可这跟真正的亚马逊女战士们一点关系都没有啊！

罗马名：亚马逊女人
词源："没有乳房"
父亲：阿瑞斯
母亲：和谐女神

克罗塞特小姐的骑士画像，1873年，卡罗勒斯·杜兰，图尔美术馆。

斯芬克斯

神秘的怪物

斯芬克斯是一个有多种样貌的怪物，古代底比斯地区的人都害怕他，就像之前害怕他的哥哥刻耳柏洛斯或者他的母亲埃凯德娜那样……但后来他被俄狄浦斯打败了！

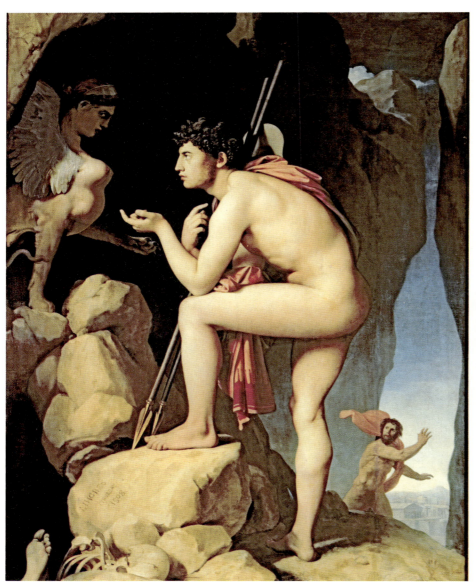

俄狄浦斯回答斯芬克斯之谜，1808年，安格尔，卢浮宫，巴黎。

怪物与母亲生下的乱伦之女

斯芬克斯的怪貌来自父母的遗祸。他的母亲埃凯德娜（"蝰蛇"）是一个半人半蛇的女神，他的父亲欧鲁特罗斯是一只可怕的双头狗，也是蛇女埃凯德娜的儿子。因此斯芬克斯长着女人的脑袋、狮子的身体、鸟的翅膀，虽有男性的人称，却有着女性的性别，并且还拥有一对乱伦的父母。而他在那些蹂躏与残杀他人中得到的快感，其实都是赫拉精心的设计，一切只是为了实现她那小小的复仇计划……

埃凯德娜，16世纪，波马佐的怪物公园。

波马佐的公园是意大利文艺复兴时期最怪诞的公园，里面有很多用火山岩（白榴凝灰岩）制作的巨大雕像，分散在天然植被之间。这些雕像是为16世纪时的贵族奥西尼打造的，他是一位颇有学识的雇佣兵队长，好像只有意大利才能孕育出有如此品位的人物……

罗马名：斯芬克斯
词源：或许是"扼住喉咙"之意
父亲：欧鲁特罗斯，双头狗
母亲：埃凯德娜，半人半蛇

希腊
雅典地区

底比斯

雅典

赫拉派来的讨厌鬼

底比斯的国王拉伊俄斯，也就是俄狄浦斯的父亲，曾犯下一个错误。他在国王珀罗普斯家避难时，绑架了他的儿子，而珀罗普斯是宙斯的孙子（P136 有类似的奇遇）。竟敢对拥有神祇身份的东道主犯下如此罪行！波塞冬为此诅咒他，赫拉也为此愤怒，于是派出斯芬克斯去摧毁底比斯。这头怪物以谜语考验底比斯人，所有无法解开谜底的人通通会被他吃掉，而这个谜语是："有什么只有一种声音的动物，上午有四条腿，中午有两条腿，晚上却有三条腿？"

让·皮埃尔，这是您最后一句话了吗？

玻璃心的怪物

俄狄浦斯为了逃避弑父娶母的宿命，四处漂泊，试图寻找一个新家。在安格尔的画作中，俄狄浦斯正在揭开谜底："简单，答案是人，因为人在童年时用四肢爬行，成年后靠双腿行走，而等到衰老后，就有三条腿了，因为他不得不拄根拐杖。"俄狄浦斯猜对了，而斯芬克斯因为再也无法以此伤人，干脆从一处悬崖跳下自杀了。玻璃心啊！俄狄浦斯解救了底比斯人，得以迎娶底比斯的王后……后来真相大白，王后正是自己的母亲。当然，这是另一段故事了……

"这是真正的斯芬克斯"

斯芬克斯是一个富于隐喻色彩的词汇，会让人想到那些性格神秘、高深莫测、谁也猜不透的人物。比如，大仲马曾写过《红色斯芬克斯》，类似于《三个火枪手》的续篇，而这一书名的灵感来自枢机主教黎塞留，他在 1628 年占领拉罗谢尔时应该（而且怀着巨大的热情）破解了无数的阴谋。

金字塔

吉萨的狮身人面像，有可能是哈夫拉法老根据自己的肖像所造（根据其巾冠，也就是埃及国王的神秘发型，还有他用眼镜蛇装饰额头以抵御敌人的冠饰，得以辨认他的身份），约 4500 年来，他一直守护着父亲基奥普斯的金字塔。

小游戏，七处不同找一找。

吉萨的斯芬克斯，公元前 2500 年。

可以带上我吗？

玻璃心的塞壬女妖跳崖地

好吧，出一道有点儿难的谜语：掐掐你和掐掐我两个人在船上。掐掐你掉进水里了，谁还在船上呢？

长着翅膀的斯芬克斯，公元前 6 世纪的雕像，古希腊时代。

美杜莎

目光能将人石化的蛇发女妖

　　美杜莎与她的两个戈耳贡姐妹一样，也是一位女妖，凡是被她眼睛看到的人都会变成石头死掉。但是，与她两个姐妹不同的地方在于，她是唯一一个会死的人，珀尔修斯正是利用这一点把她杀死了……

珀尔修斯在雅典娜的帮助下，利用美杜莎的头将菲纽斯及其同伴都变成了石头，1718年，纳蒂埃，图尔美术馆。

在她头上咝咝作响的蛇是什么样的？

　　在变成一个丑陋的妖怪前，美杜莎曾是一个有着一头卷曲长发的漂亮姑娘，男人们为之神魂颠倒，就连海洋之神波塞冬也深深地为她着迷。后来他劫走美杜莎，把她带至雅典娜的一座神庙里玷污了她，亵渎了圣地。冒冒失失的美杜莎竟敢拿自己的美貌与神祇相比，这就过分了。于是，雅典娜把这个骄傲的姑娘美丽的长发变成了一条条可怕的蛇，还特别诅咒了她的眼睛，让她目光所及之人通通变成石头……

保持冷静的唯一办法

你的美杜莎不是永生之人！

　　美杜莎三姐妹都姓戈耳贡，而美杜莎的名字就词源来讲是"领导者"的意思，可不幸的是，偏偏她是戈耳贡三姐妹里唯一没有永生能力的那一个。所以，当珀尔修斯准备带回一颗戈耳贡姐妹的头，作为交换条件以阻止国王波里代克特与自己母亲结婚时，他选择了对美杜莎下手。珀尔修斯遵照雅典娜的建议，全程利用盾牌的反光来为自己引路，趁着美杜莎睡着时，用赫尔墨斯送他的青铜镰刀砍下了她的头。小心驶得万年船啊！

经由头颅与鲜血的分娩

在被雅典娜变为怪物之前，美杜莎曾因波塞冬而两次怀孕（嗯，是的，与诸神一样，波塞冬的生育能力也非常强大）。她的两个孩子克律萨俄耳与帕伽索斯一直被封印在她的血液里，当珀尔修斯砍断她的脖子时，两个孩子随着鲜血一起飞溅而出。克律萨俄耳的名字意为"金剑"，他是带着一把金剑出生的英雄（合乎逻辑）；而帕伽索斯则是一匹飞马，因为他的父亲波塞冬正是海洋之神与马神。

美杜莎，1598 年，卡拉瓦乔，乌菲兹美术馆，佛罗伦萨。

死后仍为人所用

美杜莎虽没有不朽之身，可她最终留在人间的影响却绵延不绝，远超两个姐妹。在她死后她的目光仍保有将人石化的能力，因此珀尔修斯才会把她的头当作礼物送给雅典娜以表谢意。雅典娜将她的头绑在自己的神盾上，如盔甲一般，用来保护自己的脖子和胸脯，因为敌人只要敢看她，必将被凝固在原地。

不光如此，美杜莎的血从脖子中飞溅出来后，被医药之神阿斯克勒庇俄斯收集到了一起。她的血拥有让人难以置信的实用价值：从颈静脉流出的血是毒药，而从颈动脉流出的血却能让人起死回生……精彩地总结了药剂学本身模棱两可的属性！

美杜莎的洞穴

罗马名：美杜莎
词源："指挥，统治"
绰号：戈耳贡
父亲：福尔库斯？
母亲：刻托

遇见美杜莎

范思哲的标志

当我们漫步在罗马或巴黎街头（或看到西西里岛的旗帜时），很容易就能看到美杜莎的头，通常会被设计成浮雕安置在建筑物的立面上。这难道是旧时用来抓盗贼的办法吗？当乔瓦尼·詹尼·范思哲幼年时，正是一个美丽的美杜莎头像深深震撼了他，因此后来他就用了美杜莎当作自己品牌的标志，正如聚焦范思哲集团的《美国犯罪故事》第二季中所讲述的那样。

"惊呆"一词（写作 Médusé，源自美杜莎的名字）

"惊呆"算是"被石化"的近义词，还有比这更符合逻辑的吗？"被石化"一词源自 Petra，即拉丁文中的"石头"（约旦古城佩特拉的名字也源于此，意指此地是从石头中被开凿出来的）。而用美杜莎的名字来表达"惊呆"的意思实在是太贴切了，就好像我们都撞到过她的目光似的……

活生生的水母

1758 年，生物学家卡尔·冯·林奈用美杜莎的名字命名了水母，因为水母身上无数的触手和腕臂难免让人想起缠绕在戈耳贡女妖那颗可怕圆头上的毒蛇，它们刺来扎去的，真的很像……在此之前，一个法国人也曾把水母叫作"海中果冻"（水母的英文"Jellyfish"便由此而来），这个名字倒显得更可爱、更无害一些呢！

范思哲的广告中，Lady Gaga 戴的一条"美杜莎"项链，正是范思哲这一品牌的象征。

触手如狮鬃一般的水母。

香榭丽舍旁的勒特河之水，1880 年，斯宾塞·斯坦霍普，曼彻斯特美术馆。

这幅作品描绘了柏拉图笔下的一则神话故事。在冥府有一条河，名叫勒特河——它取自一位掌管淡水的仙女名字，这位仙女是厄里斯（不和谐女神）的女儿，象征着遗忘与忘恩负义。得到召唤即将重生的灵魂需在走出冥府之前将自己浸没到勒特河中，以忘却他们在前世经历之事。作品远景处（我们在此看不到）画的是香榭丽舍，英雄们与正直者们正走向那里。

受难者与众所周知的神话

有时我们或许会忘记，对于希腊来说，神话就是他们的宗教。那些拒绝信仰诸神或拒绝为其献祭的人是会遭到惩治的，他们不仅生前会受到诅咒，以责罚他们的渎神之心，就连死后恐怕也要被打入鞑靼（相当于我们的地狱）做囚徒。在那里，他们知道自己将重新见到坦塔罗斯、西西弗斯、达那伊德斯姐妹，以及其他未得善终之人……除非，他们像俄狄浦斯或那咯索斯一样，遭受残酷命运的折磨！

坦塔罗斯

希腊神话里的坏厨子

坦塔罗斯的故事非常残酷，一如希腊神话里经常出现的那样：诸神判罚他，让他永远留在鞑靼的世界，忍受饥渴的折磨。但是……

对一个凡人来说，坦塔罗斯太富有了

坦塔罗斯本是一个无法永生的国王，但他是宙斯的儿子，母亲普鲁图又是财富之神，因此他异常富有，诸神几乎也都把他当作神祇一样看待，甚至准许他在奥林匹斯山的盛宴上品尝琼浆玉液和神祇的食物——如此重大的特权使他获得了永生之身。在被说服成为神祇之后，坦塔罗斯向诸神发出邀请，请他们来赴一场华丽的盛宴。然而，这场盛宴却凶残无比……

倒胃口的盛宴

坦塔罗斯骄傲自大，简直到了疯狂的地步，他为了证明自己比诸神更聪明，声称要通过一个方法来测验一下他们的洞察力，可这个方法却使他犯下一桩残酷而近乎谵妄的罪行。他……把自己的儿子珀罗普斯剁成小块，当作一道肉菜献给诸神享用！#有钱却是个疯子。这是一桩双重犯罪，既是对他的儿子，也是对诸神。

顶级大厨
为诸神特别定制。

谁吃了肩膀？

即使坦塔罗斯把儿子的肉烤至全熟，又加了不少调料，他还是没能骗过全知的诸神，结果没有任何一位肯品尝他孩子的肉。谁都不肯……除了得墨忒耳，她当时因女儿珀尔塞福涅被劫走陷入绝望，魂不守舍，郁郁寡欢的她连想都没想就随口吃了一块肩膀上的肉。宙斯对坦塔罗斯的恶行震惊不已，于是他把小孙子的肉重新黏合到一起，让他死而复生了。只是小宝宝的肩膀上缺了一部分，只好用一块象牙权作替代了。

坦塔罗斯的痛苦，1731年，私人收藏。

在雕刻板的下面写着这样一行字："坦塔罗斯被判罚忍受饥饿与口渴，虽然水和水果就环绕在他周围。"远景处我们依稀可见魔鬼们正在折磨那些被送进鞑靼的灵魂。

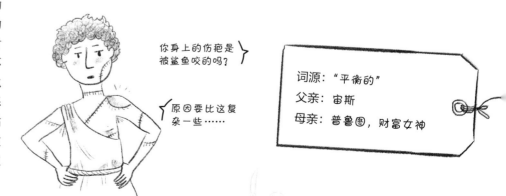

你身上的伤疤是被鲨鱼咬的吗？

原因要比这复杂一些……

词源："平衡的"

父亲：宙斯

母亲：普鲁图，财富女神

词汇中的代换法

大家今天可能对"坦塔罗斯的酷刑"耳熟能详，它甚至早已成为一句日常习语。可你知道吗，这同时也是一种修辞上的代换法（专有名词变成普通名词）。也就是说，我们会用"坦塔罗斯"一词来指代那些无比热烈地渴望拥有某样东西，却可望不可即的人。合乎逻辑。

喙在水中

有一种鸟的名字就是从坦塔罗斯所遭受的酷刑中演变而来的，那便是白鹳。它属于涉禽类，外形似水鸟，每天要在水中行走数小时，不停地把自己的喙甚至是头浸在水里寻觅食物，一副永远口渴的样子。这一点与传说中的坦塔罗斯很像，二者都无力平息内心的渴望。

化学世界

大约在 1802 年，一位大学教授成功分离出了一种新的不会在水中溶解的化学元素。这一特殊性使教授想到了坦塔罗斯，他连脖子都伸进河水里了，却仍无法喝到水，而且水也永远不会渗进他的身体里。这就是元素周期表中的第 73 号元素，我们把它称作"钽"！

白鹳，也叫作白鹳。

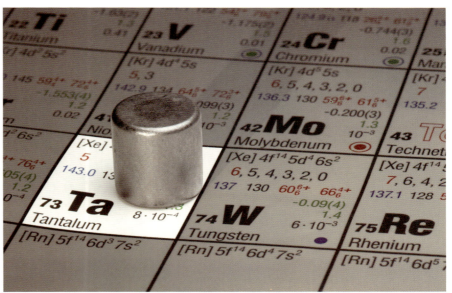

钽，化学符号 Ta，具有极高的抗腐蚀性。可用来制造蒸发器皿等，也可做电子管的电极、整流器、电解电容。

你不是想大吃大喝吗？好啊，现在就吃吧！

愤怒的宙斯为主持正义，把已经成为不朽之身的坦塔罗斯送进了鞑靼，要他为自己可怕而疯狂的错误付出永恒的代价。为了惩罚他组织了那场恐怖的宴席，宙斯命他永远忍受口渴的痛苦，有一条清澈的河流就在他眼前，但每当他张开嘴巴靠近时，那河水就会全部退去；同时，他还要在一棵苹果树下忍受饥饿的折磨，每当他伸手想摘苹果时，那些低处的苹果就会自动躲开他。虽说很残忍，但想想他犯下的双重罪行，这样的责罚简直就是为他量身定制的！

\# 哎哟哟哟哟

西西弗斯

科林斯的创立者和国王

可怜的西西弗斯所受的惩罚实在是过于残酷：他要无休止地把一块巨石推到山顶，但巨石永远会在到达山巅前重新跌落。我们经常会忘了西西弗斯唯一的罪过，不过是敢于对抗死亡……

西西弗斯与滚落的巨石，版画，18 世纪。

地峡竞技会

表面看来，西西弗斯是一位再好不过的国王。他缔造了位于同名地峡区域的科林斯城，倾力为人类服务，或者至少是为希腊人。他还创办了地峡竞技会（可媲美奥林匹克运动会，在几个世纪里取得了巨大成功）。他这么做是为了纪念自己可怜的堂兄梅利赛克特。梅利赛克特因赫拉对西西弗斯母亲的报复而牺牲，西西弗斯当时在一片海滩上发现了他的尸体。

奸诈到竟敢欺骗死神

在荷马笔下，西西弗斯的才能可不止于缔造城市或创办竞技会，他还有能力发展城市的航海和商业。多么完美的国王，不是吗？其实并非全然如此。他善用聪明才智，让他人为自己买单。例如，他命人在地峡四周修上城墙，封锁了希腊北方与南方之间的交通，这样一来，他就可以在来往的游客身上敲诈一笔过路费。据说，他还说服死神塔纳托斯来尝试自己的发明——手铐，利用这个机会把死神关了起来，让他做了很久的囚徒，因此在很多年里，西西弗斯成功阻止了神祇对人类的猎杀。

要钱还是要命！

罗马名：西西弗斯

父亲：伊奥勒

母亲：埃娜勒特

妻子：梅洛普，阿特拉斯七个女儿之一

尤利西斯的父亲？

西西弗斯的聪明劲儿很容易让人联想起尤利西斯，这也许并非偶然……事实上，有一天西西弗斯看见邻居奥托里库斯正在偷自己家的牛（和他父亲一样），这位邻居真不愧是赫尔墨斯的儿子，他那位神祇父亲把儿子偷来的牛做了变形，使它们难以被辨认出来。不过西西弗斯早有妙计，他在牛蹄子下面做了标记，以此让小偷哑口无言。西西弗斯高明的手段折服了奥托里库斯，他于是提议将女儿嫁给西西弗斯，让两人生一个孩子——可他的女儿不是别人，正是尤利西斯未来的母亲……巧合吗？

欺骗死神（第2季）

在临死前，狡诈的西西弗斯又生一计，他让妻子在他死后不要将其埋葬……对于希腊人来说这是重罪，因为这意味着亡魂在地狱永远得不到安息。他的妻子答应了他的请求。西西弗斯很高兴，等他一到冥府，就去找哈得斯抱怨，并以要去惩罚妻子罪行为名，求他把自己送回人间。哈得斯同意了，西西弗斯可不傻，此后很多年里，他一直拒绝重回冥府……正是这场过分的蒙骗导致他最后作为惩罚被关进龃龉的世界。赫尔墨斯后来奉命来找寻他，而他因为胆敢貌视诸神不得不接受一项可怕的惩罚。

> 亲爱的，是哈得斯打来的电话，他问你什么时候回去？

> 跟他说，我一会儿回电话给他。

遇见西西弗斯

"应该觉得西西弗斯是幸福的。"

西西弗斯犯下的罪行在我们看来总归是很能让人理解的（谁不渴望在死神面前蒙混过关呢），而他承受的可怕刑罚在阿尔贝·加缪的著作《西西弗斯的神话》中，也被赋予了积极的意义。西西弗斯的故事就好像对生活本身的隐喻，它提醒我们，真正的价值并不存在于最后的结果中，而是蕴含在为实现目标而付出的巨大努力中："应该觉得西西弗斯是幸福的。"真正重要的是过程。

阿尔贝·加缪

西西弗斯，1549年，提香，普拉多美术馆，马德里。

巴黎的公园

人们被西西弗斯永无休止地推巨石上山这一行为吸引，从而催生了与此相关的大量艺术创作，这些创作涵盖了雕塑（例如卢森堡公园和纳伊公园）、绘画（比如收藏在普拉多美术馆、由提香创作的可怕的《西西弗斯》）等诸多领域。人一生中需要完成的任务庞大艰巨，但也无须抱怨我们的努力终将无可挽回地走向失败这一事实，似乎人类永远在思考这样的命题。

甲虫家族

你知道屎壳郎吧？这种小甲虫常用自己的后爪推着牛粪球爬行，并以此为食。博物学家们看都没看一眼就把这种长爪家族命名为"Sisyphus Longipes"（拉丁文，意为"长脚西西弗斯"），就因为它们做着一份让人觉得疲乏不堪的工作，永无休止地推着它们的"巨石"往前走，如同西西弗斯一样！#就像一颗滚石。

小甲虫西西弗斯。

达那伊德斯姐妹

整个冥府中蒙受最多不公的受难者

在地狱那些最为人熟知的受罚者中，达那伊德斯五十姐妹算是榜上有名，她们要往一口漏底之瓮中不停地灌水，永无终结之日。但尤为重要的是，她们是那些蒙受最不公平判罚者的典型代表！

达那伊德斯姐妹，1904 年，沃特豪斯。

罗马名： 达那伊德斯姐妹
词源： "达那俄斯的女儿们"
父亲： 达那俄斯，利比亚国王，后来成了阿尔戈斯的国王
母亲： 她们各有各的母亲

达那俄斯的女儿，埃古普托斯的侄女

这五十个达那伊德斯姐妹都是利比亚国王达那俄斯的女儿，她们各有各的母亲……嗯，嗯，你懂的，达那俄斯是个精力充沛的国王。巧的是，他的兄弟阿拉伯国王埃古普托斯也有五十个儿子……他们也各有各的母亲。#欲望家族。某天，埃古普托斯决定征服一个位于自己和兄弟王国之间的王国，胜利后，他和他的兄弟重新成了邻居。可达那俄斯对埃古普托斯领土扩张的野心始终保持着警惕……

事先说好的，在你家办婚礼！

不行，去你家办！我家没地方。

不行，明明说好了在你家。

当时说的就是在你家办，我确定。

求婚

埃古普托斯后来提议让自己的五十个儿子与达那俄斯的五十个女儿结婚，按理说他也是好意，但多疑的达那俄斯犹豫不决，只能向一位先知征求意见，先知向他揭示了真相，原来埃古普托斯已打算在新婚之夜的第二天就将他的五十个女儿全部杀掉！惊慌失措的达那俄斯请求雅典娜帮助他，于是富有同情心的女神为他打造了历史上的第一艘船，好让他带着自己的女儿们穿越地中海，逃到希腊的阿尔戈斯去。喔哟。

五十场婚礼和四十九场葬礼

当然，埃古普托斯很快派出儿子们去阿尔戈斯围攻（按本义和引申义理解均可）达那俄斯，迫使他交出女儿们与其成亲。坚持几周之后，由于弹尽粮绝，达那俄斯不得不作出让步。不过为了拯救他的女儿，他送给她们每人一支发簪，让她们在新婚之夜就用这把簪子把她们的丈夫杀死，免得第二天反被杀害。午夜时分，她们都举起发簪刺向了自己熟睡中的丈夫。所有人都动手了……除了其中一个，因为她的丈夫尊重了她的贞洁。

达那伊德斯姐妹，1889 年，罗丹，罗丹美术馆，巴黎。

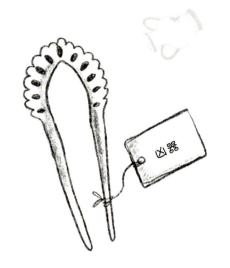

神话中的司法丑闻

达那俄斯和他的女儿很不幸，因为埃古普托斯那个唯一逃脱了暗杀的儿子后来又回来复仇了……他杀死了达那俄斯和他的所有女儿（除了曾对他手下留情的那一位，他"重新"娶了她为妻）。赫尔墨斯和雅典娜要求这些可怜的达那伊德斯姐妹们洗刷自己犯下的"罪恶"（正当防卫），于是她们被关进冥府，被惩罚永久劳作，用水去填满一个已被凿穿的木桶（事实上，应该是漏底之瓮，因为当时的希腊人还不认识什么高卢人发明的木桶）。可怕的地狱！

遇见达那伊德斯姐妹

地图

达那伊德斯姐妹们令人生畏的叔叔埃古普托斯征服了位于他（阿拉伯）和兄弟（利比亚）之间的王国。凭借非凡的推理能力，你可能已经知道了，正是因为这个名叫埃古普托斯（Égyptos）的家伙，我们才把今日的那片土地称作埃及（Égypte）！

明信片，1950 年。

法语

即便"达那伊德斯姐妹之桶"的所指之物并不够精确（因为这个桶实际上是瓮），这一表达方式还是进入了日常用语中，现在这个词一般用来指那些永不会被填满之物。例如，阿波利奈尔在他那首绝妙的诗作《失恋者之歌》中这样写道："我的心头脑海空落落，整个苍穹全从这里流过，我这达那伊德斯的水桶。如何做才能福运亨通？"他写得如此之妙，我们轻易就能感受到他心里的苦恼，不是吗？

隐喻

柏拉图在《高尔吉亚篇》中曾以达那伊德斯姐妹之桶的隐喻，来比较有关幸福的两种观点。苏格拉底对此的解释是，当人努力填满自己的欲望时，也就把自己封在了永恒的挫败感中。而卡里克利斯，这个在柏拉图对话录里永远像个白痴一样的修辞学家，却认为当桶被装满水时，人是会感到幸福的……（这家伙啥也不懂："我说卡里克利斯，不是都告诉过你那桶是有窟窿的吗！"）

米达斯

弗里吉亚国王

米达斯是希腊神话里最有名的国王之一，一方面是因为他拥有独一无二的点物成金的天赋（但这可是把双刃剑），另一方面是他在一场音乐竞赛中作出了糟糕的裁决……

米达斯国王和酒罐，纳撒尼尔·霍桑《神奇的故事》插图，1852 年，沃尔特·克兰。

生而富有

米达斯是国王戈尔迪乌姆的儿子，所以他生而富有。当他还是个孩子时，几只小蚂蚁曾在他的嘴巴里放进一些麦粒，这意味着他将成为整个人类世界里最富有的人……还有个小故事，说的是戈尔迪乌姆曾因制造了一个错综复杂、无论如何也解不开的戈尔迪绳结而闻名于世，他宣称谁能成功地解开它，就将成为世界的主宰。直到有一天，亚历山大大帝来了，他一剑斩断了这个绳结。嘭！简单又有效。从此以后，"斩断戈尔迪之结"就成了一句习语，意指当人们遇到难以解决的困难时，就用一种决绝的手段来应对，快刀斩乱麻。

迷惑人的埃尔多拉多

有一天，酒神狄俄尼索斯的朋友、大腹便便的森林之神西勒诺斯，因为喝得酩酊大醉，在米达斯的王国里迷路了。卫兵们把他拿下，带到了国王面前。米达斯觉得西勒诺斯讲的那些神奇故事很好笑，就把他放了。作为感谢，狄俄尼索斯答应米达斯可以实现他的一个愿望！米达斯贪恋黄金，他想……拥有一种能把所有自己触碰到的东西都变成黄金的能力。致命的错误啊！他很快发现自己从此再也不能吃吃喝喝了，因为无论什么东西，只要碰到他的嘴唇就会立刻凝固……

罗马名：米达斯
父亲：戈尔迪乌姆
母亲：希布莉

汽车维养

在汽车快速维修行业，美国公司 Muffler Installation Dealers' Associated Service 处于世界领先地位，它的公司缩写"Midas"（米达斯）更有知名度。你看到了吗，品牌标志字母"i"上的那个小圆点是一个小皇冠的图案？现在你懂了吧，它的灵感来自弗里吉亚国王米达斯！

"触碰帕克托罗斯河"

自古希腊时代起，"触碰帕克托罗斯河"这一短语即带有中头彩的意思。为什么呢？因为米达斯刚一踏进帕克托罗斯河，河水中就溢出了金子，当然会这样喽。爱开玩笑且学识渊博的科学家们后来在亚马逊河里发现了一种绿色小青蛙，它们身上带有金色片状的斑点，看上去就像身上布满了一粒粒金子，于是他们给这种小青蛙起名叫作"Teratohyla Midas"（拉丁文，维彻瞻星蛙属米达斯）！

从哲学角度欣赏波提切利

在佛罗伦萨的乌菲兹美术馆中收藏着波提切利的名作《对阿贝拉的诽谤》，这是一幅表现诽谤主题的寓意画。在其中我们可以看到米达斯和他的一对驴耳朵。这也不奇怪，因为在一次音乐竞赛中，作为裁判的米达斯不识趣，没有意识到阿波罗的音乐才华要胜过马西亚斯，从那以后，米达斯事实上就成了坏裁判，甚至是腐败裁判的绝佳象征。运气好差。

对阿贝拉的诽谤，1495 年，波提切利，乌菲兹美术馆，佛罗伦萨。

他触碰了帕克托罗斯河

当然，米达斯后来哭着找到狄俄尼索斯，想从自己许下的愿望里解脱出来。酒神建议他去一条名叫帕克托罗斯的河里洗个澡，好让自身得到净化。从此以后，那条河就一直水波激潋，闪耀着金光……然而，脱身后的米达斯兴奋不已，又犯下了第二个错误。有一天，他竟敢接受邀请去为阿波罗（擅长演奏里拉琴）与马西亚斯（森林之神，擅长演奏长笛）之间的一场音乐竞赛做裁判。更可怕的是，他胆大包天判了马西亚斯获胜！（又一个）致命错误啊！

去吃屎吧，裁判

愤怒的阿波罗宣称米达斯的听力和一头驴不相上下，并马上在米达斯的脑袋上变出了一副驴耳朵。从此以后，受到侮辱的米达斯只能靠一顶弗里吉亚软帽遮住他的驴耳朵。只有米达斯的理发师知晓这个秘密，但他不能把秘密泄露出去，否则就会被处死。但藏着这个秘密压力太大了，理发师就在地上挖了一个洞，对洞口喊道："米达斯国王有一对驴耳朵！"不幸的是，有几棵芦苇跟着他重复了这句话，秘密随风飘散，很快，整个王国都知道了！太蠢啦！

\# 告密者

俄狄浦斯

最具悲剧感的人物

俄狄浦斯情结尽人皆知，而俄狄浦斯则是一个名副其实的悲剧人物。命运的诅咒要他弑父娶母，他力图反抗恐怖的命运，却在反抗的过程中实现了它……

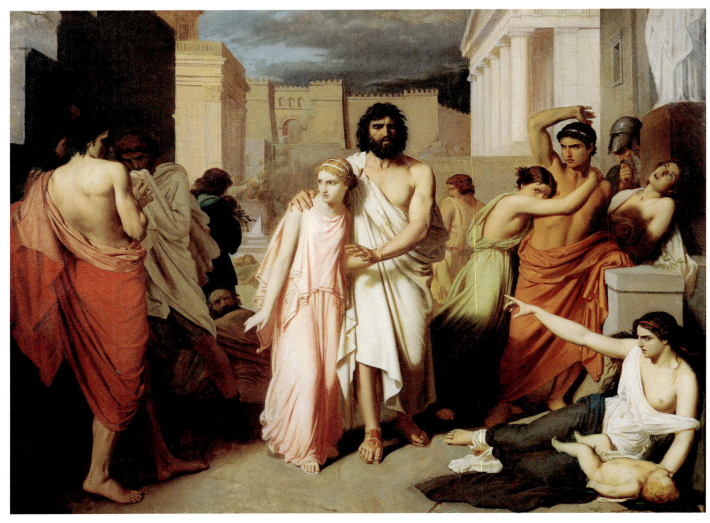

俄狄浦斯与安提戈涅，1842 年，雅拉贝尔，马赛美术馆。

罗马名： 俄狄浦斯

词源： "肿胀的脚"

父亲： 拉伊俄斯

母亲： 约卡斯塔

妻子： 约卡斯塔

俄狄浦斯，你肿了

俄狄浦斯是底比斯国王拉伊俄斯的儿子。当王后约卡斯塔怀孕后，拉伊俄斯与她去求神降示，结果得知了一个可怕的命运：他们的儿子未来会弑父娶母。国王和王后吓坏了，遂决定将这个小宝宝"置于险境"，他们把他的双脚绑起来倒挂在一棵树上，将他遗弃在一座遥远的山上。然而，路过的牧羊人救了他。因为他的双脚已经肿了，牧羊人就为他起名叫"俄狄浦斯"（俄狄意为"肿胀的"，浦斯意为"脚"）。后来，他把俄狄浦斯送到了没有子嗣的科林斯统治者波吕玻斯和墨洛珀那里。

没有同情心的皮提亚

俄狄浦斯刚一长大成人，某个夜晚就被一个醉鬼告知他就是那个"被找到的婴儿"。他的养父母拒绝告诉他事情的真相，于是他找到德尔斐的皮提亚，想要弄清楚自己的身世。然而，皮提亚没有回答他的问题（这个女人一点儿也不酷），却把他的可怕命运告诉了他……惊恐万分的俄狄浦斯决定此生不再返回科林斯，因为他不想杀害波吕玻斯，也不想娶墨洛珀为妻，他爱他们，并一直认为他们就是自己的亲生父母……致命的错误。

蒙台梭利未经批准！

斯芬克斯之谜

斯芬克斯留给俄狄浦斯的谜语至今仍是全世界最著名的谜语："什么动物早上有四条腿，中午有两条腿，晚上有三条腿？"俄狄浦斯说出了谜底："人。"因为小孩子（人生的"早上"）用四肢爬行，成年后用两条腿走路，当他年老时，到了人生的夜晚，就需要再加一根拐杖了。

（可对于我来说，真正的谜却是：我们该叫那怪物"斯芬克斯"还是"斯芬热"（狮身人面女像）呢？因为说到底这怪物是个女人啊！）

俄狄浦斯和斯芬克斯，1864 年，莫罗，大都会博物馆，纽约。

拉伊俄斯还是拉伊乌斯？

你知道"空话连篇"（Laïus）一词吧？就是那种无关痛痒、无休无止的讲话。这一词就是从拉伊俄斯演变而来的（也叫拉伊乌斯，拉丁语），源于 1804 年巴黎综合工科学校入学考试的一道作文题："请想象一下拉伊乌斯对俄狄浦斯的回答。"结果充满热情的考生们每一个都写出了数页的答案，冗长而无聊，由此就诞生了这样一个词！

乱伦

毫无疑问，俄狄浦斯与母亲的乱伦之爱世人皆知，于是弗洛伊德这个小机灵鬼从希腊神话里把这个故事给单独拎出来，为自己的理论增光添彩，并把它称为"俄狄浦斯情结"（概括说来，它意味着所有儿子都在无意识中迷恋母亲，并对父亲心怀杀机）。很快，参照并引用希腊神话开始被视作既有格调又睿智的做法。这一招也的确好用：俄狄浦斯情结就是我们从弗洛伊德的书中得到的重要观念！

弗洛伊德创作的表现俄狄浦斯与斯芬克斯的藏书标签。

弑父与乱伦，却是意外之举，嗯！

流浪途中，俄狄浦斯路遇一位长者及他的一众随从。因为俄狄浦斯没有在十字路口为他们让路，竟引来一通鞭打！他因愤怒而失去理智，将所有人都杀死，才继续赶路。#古代交通事故。当得知底比斯城有一个可怕的怪物斯芬克斯，凡是没能猜出他谜语的人都会被他吃掉，整座城市急需拯救之时，俄狄浦斯决定前去和斯芬克斯较量一番。他后来猜出了谜底，城中居民为之欢呼，并拥戴他做了国王，不仅如此，他还娶了寡居的王后约卡斯塔为妻。

"俄狄浦斯，我是你的母亲"

很多年过去，俄狄浦斯和王后生下了四个孩子，但他也目睹了鼠疫在底比斯城的蔓延。他惊恐不安，于是派出一位信使去找皮提亚，并命他把杀死老国王拉伊俄斯的凶手找出来，誓要将他驱逐出城。俄狄浦斯派人四方找寻探听，后来才得知……他自己就是真正的凶手！他彻底崩溃了，这才明白他不仅杀死了自己的父亲，更娶了自己的母亲。约卡斯塔意识到这出悲剧的真相后，自杀身亡了。俄狄浦斯与母亲一样绝望，他戳瞎了自己的双眼，由他的女儿安提戈涅引领着，重新走上了流浪之路……

法厄同

太阳神之子，古希腊时代的大累赘

法厄同是希腊神话里最大的累赘，他爱慕虚荣、恃宠而骄、逃避责任……为了炫耀，他请求驾驶太阳神父亲的战车，结果却使半数人类陷于烈火之中！

遇见法厄同

大众辉腾（Phaeton，法厄同），令人震骇的汽车

我们其实想知道，大众汽车的营销团队在给他们的汽车起这样的名字前，是否读过法厄同的故事。认真地讲，你们觉得谁会愿意驾驶一辆失控的汽车摧毁一切，再遭到雷劈呢？

事实上，很可能他们只是想到了四轮华丽马车史上最不会过时的一款，就是法厄同四轮敞篷款，于是借此灵感一用！（Phaeton 一词有"四轮敞篷马车"和"老式敞篷汽车"的意思。）

四轮敞篷旅行马车，1972 年，巴特沃斯，私人收藏。

法厄同，20 世纪，英国绘画学院。

我是太阳神的儿子

法厄同是海洋仙女和太阳神赫利俄斯（拉丁名"腓比斯"）的儿子，没什么人生成就，但就像所有爸爸眼中的好儿子一样，他凭借自己的身份恃宠而骄。法厄同在朋友们面前吹牛，结果受到了嘲讽："你真的是太阳神的儿子吗？"愤怒的法厄同在东方神殿找到父亲，想让他证明这份亲子关系。赫利俄斯叫他不必担心，不仅如此，还轻率地答应了他的心愿……

法厄同，停下你的（太阳）战车

希腊人眼中的法厄同有着严重的性格缺陷，他过于狂妄自大，甚至请求父亲允许他驾驶那辆拉动太阳的战车。小冒失鬼！驾驭这辆四马拉动的战车需要无限的力量。赫利俄斯很快就后悔作了这个许诺，但为时已晚……自负的法厄同抓起缰绳就出发了。显然，那些马匹很快就感觉到主人腕力的薄弱，于是开始脱缰狂奔……

讽刺的结局

法厄同的形象似乎成了一个希腊式的隐喻，用来象征缺乏责任感的人。人们曾用他暗讽千禧一代什么都想得到，而且马上就要得到，却不想经历努力的阶段。可谁来为此承担后果呢？整个地球！法厄同驾着炽热的战车行进时，因为距离地球表面太近，导致地球上大面积的土地都被烧灼，诸多河流因此干涸……宙斯最后不得不依靠一场杀戮了结此事，他向法厄同掷出一道闪电，法厄同被抛进埃利达努斯河，死掉了。

你看啊，宙斯，你要对此事负责，立刻！马上！

嘿，看我不把这事儿告诉我爸，等着瞧？

绰号： 法厄同，象征"明亮耀眼之人"

父亲： 赫利俄斯，太阳神

母亲： 克吕墨涅，海洋仙女

那喀索斯

自恋之人

那喀索斯是一个绝情的美男子，后来却陷入了疯狂的自我爱恋……噗，如此自恋！

厄科与那喀索斯，1903 年，沃特豪斯，沃克艺术馆，利物浦。

忒瑞西阿斯的预言

那喀索斯是仙女利里俄珀的儿子，从出生起，他就是一个异常俊美的孩子，仙女们都很喜爱他。当他的母亲向忒瑞西阿斯（古希腊时代最有威望的神祇，尤利西斯在招魂术的故事中就曾向他求教，详见P108）询问儿子未来的命运时，他回答说："那喀索斯会活得很久，只要他永远不曾认识自己"……这个预言语意模糊，晦涩难懂！然而这位少年每过一年就多一分俊美，那喀索斯终于成了众人为之迷恋、为之绝望的对象，可他却始终对此无动于衷。

动心……但只对他一人

那喀索斯长成了绝色美男子，可他对谁都十分无情。有个叫阿梅尼亚斯的青年疯狂地爱上了他，他却用匕首刺伤了人家，这直接导致了阿梅尼亚斯含泪自杀。临死前，他把这件事告诉了执掌正义并负责对凡人的过分行为施以惩罚的复仇女神涅墨西斯，涅墨西斯听后充满愤怒，于是把那喀索斯带到一处波光粼粼的水边，在那里，他看到了自己的倒影。从未爱过任何人的那喀索斯顿时神魂颠倒，狂热地爱上了水中的自己。哦，命运的嘲弄啊！他被迫面对一份永远不会有结果的爱情，因为他的倒影无法回应他……

我的倒影不是我的厄科

对自己倒影的爱恋，使那喀索斯僵在原地，日渐消瘦。水中仙女厄科虽然深爱着他，却因受到赫拉的惩罚，口不能言，只能重复别人话语中最末的几个字。她无法安慰那喀索斯，因为她的话对于他来说不过是一面话语之镜，就如同人只能看到自己的镜像一样。这份疯狂之爱最终以它应有的方式走向终结，那喀索斯如此自恋，甚至都没有意识到自己的身体已经完全扎进了波光粼粼的水中。最后，他变成了一枝美丽却有毒的水仙花，花朵向水面低垂着，仿佛在看着自己水中的倒影：自恋。

娇韵诗广告。

遇见那喀索斯

源于自恋的虚荣

从词源角度来讲，"虚荣"一词一方面源自"徒劳"，指的是"不会有任何结果"，但另一方面也指对自己的爱。而"自恋"一词则完美囊括了虚荣的两种词意，这是对自己的爱＋不会有任何结果！希腊神话里那喀索斯的故事本是想警告人们要抵御过分（肤浅）自恋的诱惑，可我们就是愿意相信"全世界我最重要！"而对于所有热衷迎合我们这种欲望的商家来说，他们才不在乎什么那喀索斯呢。＃自拍综合征。

罗马名：那喀索斯

词源："睡眠，困倦"

父亲：刻菲索斯，河神

母亲：利里俄珀，水泽仙女

职业：猎人

24小时全天自拍，梦想啊……

潘多拉

第一位女性

潘多拉是人类世界的第一位女性，由赫菲斯托斯奉宙斯之命为报复人类用黏土捏制而成，但后来她按捺不住自己与生俱来的好奇心，打开了宙斯为她准备的神秘魔盒……

潘多拉，16世纪，里耶里，雷佐尼科宫博物馆，威尼斯。
"我感觉自己做了一桩蠢事。"

绰号：卡隆·卡孔，"美之恶"
词源：潘多拉，"所有天赋为她加持"
父亲：赫菲斯托斯（黏土制成）
母亲：所有神祇都赐予她一项天赋，她的名字
便由此而来

"拥有诸神赐予的多种天赋"

潘多拉是由宙斯创造的，亦如蓝妹妹是由格格巫创造的一样。自从普罗米修斯盗取圣火之后，宙斯为了报复人类，就想造出一样东西来，好在人类之间制造矛盾，于是他想到了……女人。#厌女。

宙斯于是传令给赫菲斯托斯，让他用黏土造一个女人出来，然后又命所有的神祇轮流把他们最擅长的天赋赐予她。阿尔忒弥斯赐予她美貌，雅典娜赐予她织造的本领，阿波罗赐予她动人的歌喉，赫拉赐予她善妒的性格，而赫尔墨斯则赐予她……谎言、说服力和好奇心！#打理完毕。

诸神的玩偶

卡隆·卡孔

在潘多拉出现之前，人类生活的地方有点儿像夏娃和亚当犯了原罪以前的伊甸园。人类像庄稼一样自我繁殖，不知疲倦，不会衰老，也没有痛苦可言。宛如美丽人生，"但这是以前"。潘多拉是宙斯送给人类的一份有毒的礼物，"一个如此美丽的邪恶之物"（卡隆·卡孔），她漂亮的外表之下潜藏着十足的罪恶。不仅如此，为了确保她的破坏力得到最大释放，宙斯还送了她一份（非常非常）恶毒的礼物当作嫁妆。

（双重）毒礼

宙斯送给了潘多拉一个神秘的魔盒作为嫁妆，并禁止她开启（故意勾起她的好奇心），里面其实塞满了所有的人间苦难。装配齐整的潘多拉被宙斯派去勾引厄庇墨透斯，也就是普罗米修斯的弟弟，他有点愚蠢，做事不动脑子，就像他的名字所暗示的那样。普罗米修斯劝弟弟警惕潘多拉和她的盒子，但厄庇墨透斯不仅不听劝，还娶了潘多拉为妻，而潘多拉很快就对自己与生俱来的好奇心让步了，她打开了那个盒子……

潘多拉打开魔盒，1910 年出版的插画，克莱恩，装饰艺术博物馆，巴黎。

最底层存有希望

一想便知，就在潘多拉打开魔盒看到所有人间苦难涌出的一刻，她就意识到自己犯下了致命的错误。她立即就将盖子盖上，但为时已晚，疾病、衰老、战争、饥荒、贫苦、欺骗、傲慢等，都从盒子里逃了出来……潘多拉只来得及封住盒子里的最后一样，它通常比其他几样来得缓慢，那就是让人在苦难中心惊胆战的期待。它拯救了人类的生活，尽管世事变迁，可他们不会灰心绝望……也可以说，是希望让人类存活了下来！

还不错哦，挺顺利的，我救下了希望！

《圣经》

《圣经》中的夏娃和潘多拉有明显的相似之处，她们有着同样有害的好奇心，同样的"天堂"结局……可惜，我们无法明确这两种信仰究竟谁影响了谁，因为有关《创世记》的年代推定存在太多不同的说法。但无论怎样，二者之间有一点不同，这一点对提高女性在社会中的地位产生了巨大影响，那便是在《圣经》中，夏娃被造出来不是为了危害人类的，而且她本身也不坏。喔哟！

价高于质的珠宝

潘多拉也是一个著名的丹麦珠宝品牌，它创立于 1982 年，后来成功找到了一条利润颇高的商业模式：从泰国低价进口一些奇奇怪怪的小饰物，然后再以丹麦式的价格卖到全世界。结果在其成立后的 30 年间，潘多拉已经发展成为继蒂芙尼和卡地亚之后地球上第三大珠宝公司！对于这么一家有点"奸诈"（品牌名字足以表明）的品牌而言，业绩很漂亮啦。

上帝前来制止亚当和夏娃，1623 年，多梅尼基诺，德文郡公爵收藏，查茨沃斯庄园。

俄瑞斯忒斯

阿伽门农之子，弑母者

俄瑞斯忒斯以杀掉自己的母亲和母亲的情人而著名。不过不论他的罪行有正当理由也好，骇人听闻也罢，他总归要因为自己的双重罪孽经历漫长的净化过程，被复仇女神们牢牢纠缠……

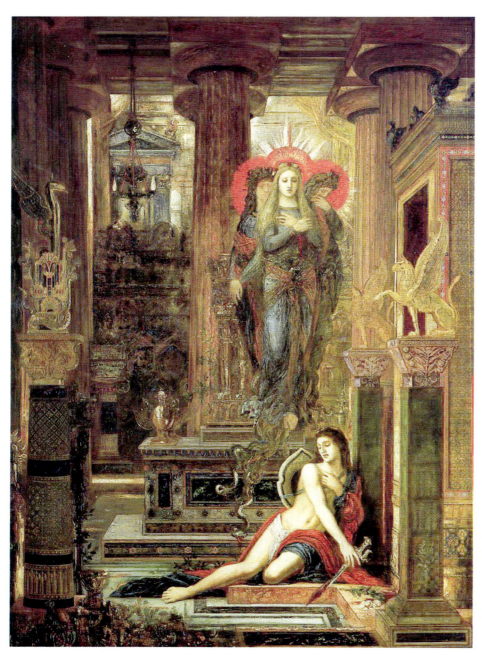

俄瑞斯忒斯与复仇三女神，1891 年，莫罗。

> 我可是善心女神，ok？

> 是的……夫人。

罗马名： 俄瑞斯忒斯

父亲： 阿伽门农

母亲： 克吕泰涅斯特拉

弑母者

当迈锡尼国王阿伽门农经历十年的特洛伊战争终返家乡时，俄瑞斯忒斯已经是一个少年了。唉，只是父亲和儿子还没来得及拥抱一下，阿伽门农就被妻子的情人埃癸斯托斯杀死了（被扣绿帽子 + 被杀 = 双份狗屎人生！）。俄瑞斯忒斯的姐姐厄勒克特拉为了保护弟弟，把他托付给了他们的叔父抚养。俄瑞斯忒斯成人之后回到迈锡尼，杀了自己的母亲和她的情人，为父亲报了仇。这合乎情理吗？当然。但弑母对于一个希腊人来说可谓罪中之罪……

俄瑞斯忒斯的零钱包里装满了为卡戎准备的钱币。

\# 大王子

复仇女神的狂热逼人发疯

俄瑞斯忒斯杀掉母亲克吕泰涅斯特拉的罪行令诸神震怒，于是他们派出凶残的专门迫害罪犯的复仇三女神厄里倪厄斯前去追杀他。她们实在是敬业，简直要把俄瑞斯忒斯逼疯，最后他不得不离开迈锡尼，以避免她们祸及自己的家园。在奥林匹斯山上，曾经建议他除掉埃癸斯托斯和克吕泰涅斯特拉的阿波罗对他心生怜悯，于是提议让他奔赴雅典，在那里接受审判。

从受虐到被献祭

在雅典的法庭之上，多亏雅典娜的帮助，俄瑞斯忒斯最终被宣告无罪。复仇三女神的怒火也随之平息，因为雅典人承诺从此以后将称呼她们为"善心女神"（多么漂亮的微妙措辞！），此后俄瑞斯忒斯和他的表兄及其最好的朋友皮拉德被派去陶里德取回阿尔忒弥斯的雕像。这件事差点儿就使他陷入困境，因为那里的人民习惯于把所有外国人都献祭给诸神……可就在紧要关头，掌管献祭的女祭司来了……

头韵法[1]

在拉辛的悲剧作品《安德洛玛刻》中有一个关于头韵法的著名范例，俄瑞斯忒斯深陷幻觉的折磨，觉得自己被群蛇包围，于是大喊："这些缠在你头顶嘶嘶作响的群蛇为谁而来？"（此句法文中辅音【s】不断重复。）作家在此不仅模仿了群蛇的叫声，而且传递出了俄瑞斯忒斯陷入疯狂妄想中的气氛。拉辛这个名字，可不是白叫的。

语言天才们的噩梦

可爱的赫敏

对于看着《哈利·波特》长大的一代人来说，赫敏在他们心中必然是可爱的艾玛·沃特森的样子。事实上，希腊神话里的赫敏可绝非如此友善。她在孩童时代被看作俄瑞斯忒斯的未婚妻，后来嫁给了阿喀琉斯的儿子皮洛斯，婚后她对皮洛斯的情妇兼奴隶安德洛玛刻充满病态般的嫉妒，并指控她用妖术惑众，以此为由迫害她。最后，赫敏又回到了自己深爱的皮洛斯身边，因为嫉妒他对安德洛玛刻的爱，赫敏强迫俄瑞斯忒斯将其杀害。在某些版本中，她随后又为自己策划的这次谋杀而责备俄瑞斯忒斯，并因陷入绝望而自杀（不知道自己想要什么的姑娘）！

《苍蝇》

萨特曾在《苍蝇》中借用俄瑞斯忒斯的故事来讨论他热衷的哲学命题。对于俄瑞斯忒斯来说，若对一桩罪行感到懊悔只是让自我从中解脱的懒办法，他选择全面接受自己犯下的双重罪行，并认为这是一种正义之举。他这么做引来了满城的苍蝇，这些苍蝇是宙斯派来的，为了使他的百姓摆脱自责、免遭苍蝇的侵扰，俄瑞斯忒斯决定牺牲自己。宙斯心怀矛盾地向埃癸斯托斯承认："诸神与国王们都有一个痛苦的秘密，那就是人是自由的。"伦理道德一方面被视作人类用以默默自我惩罚的幻想工具，另一方面也像这从天而降如此有形的蝇群一般。

快乐的结局

关键时刻来了！没想到负责将他们献祭给诸神的女祭司正是俄瑞斯忒斯失散多年的姐姐伊菲革涅亚，她从特洛伊死里逃生，因为阿尔忒弥斯用一头母鹿替她做了祭品。伊菲革涅亚为俄瑞斯忒斯和皮拉德偷来雕像，随他们一起逃走了。得救啦！在路上，俄瑞斯忒斯还杀死了阿喀琉斯的儿子，因为他曾抢走自己的表姐兼未婚妻赫敏，而赫敏正是斯巴达统治者海伦与墨涅拉俄斯的女儿。俄瑞斯忒斯随后又让自己的姐姐厄勒克特拉嫁给了他的表兄皮拉德。在那以后，俄瑞斯忒斯与赫敏一起统治着迈锡尼和斯巴达，一直到他90岁，被一条毒蛇咬伤而死。

重逢

很高兴又见面了！你有什么要说的吗？

嗯，都挺好的，我把我妈给杀了。

熟睡中的俄瑞斯忒斯，1820年，杜布瓦，图尔美术馆。

1 Alliteration，西方诗歌里的一种押韵形式，它是说一行韵文或一首诗的好几个词的头一个字母辅音不断重复，以此形成某种韵律。

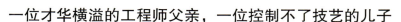

代达罗斯和伊卡洛斯

一位才华横溢的工程师父亲，一位控制不了技艺的儿子

代达罗斯和伊卡洛斯的故事是对拥有技艺之人或是被技艺反噬之人的绝佳隐喻。

灵巧过人的代达罗斯

代达罗斯是雅典王室后裔，相当于古希腊时代的莱昂纳多·达·芬奇。虽然才华横溢，但他的嫉妒心却很强。他的一个学生因为发明了锯子和圆规，名声超越了他，他竟然把这个学生从一个高塔上推了下去（讽刺的是，他儿子的死法跟这个学生有点像……#涅墨西斯）！因为这桩谋杀，代达罗斯被雅典人民驱逐出境，后来逃到克里特岛避难，国王米诺斯正好有一个麻烦需要他帮忙……

代达罗斯发明的迷宫

国王米诺斯的妻子帕西法厄因丈夫的罪过受到牵连，遭遇了惩罚。她的丈夫没有履行承诺把一头漂亮的白色公牛献祭给波塞冬，那头公牛是神祇当初从海里变出来的。受到诅咒的帕西法厄爱上了这头公牛。因此，代达罗斯必须为她发明个玩意儿让他们结合。他于是造出了一头木制的母牛，让帕西法厄钻到里面ả与公牛交配。呸！之后帕西法厄怀上了凶残的怪兽米诺陶洛斯，他还长着颗公牛脑袋，为了把他藏起来不被别人看见，他们把米诺陶洛斯关进了由代达罗斯设计的一座迷宫里。

希腊的 50 个幽影法术

手铐

鸭子

鞭子

蜡

木制母牛
……

代达罗斯为伊卡洛斯绑上翅膀，1754 年，维恩，国家高等美术学校，巴黎。

和儿子一起，却没有线团

只有代达罗斯知道如何才能活着走出迷宫：需要一个线团，一端系在入口，放线进入迷宫，返回时跟着线走。可米诺斯的女儿阿里阿德涅爱上了前来迎战米诺陶洛斯的忒修斯，而代达罗斯被这段爱情打动了，就把走出迷宫的方法告诉了她。不过等米诺陶洛斯被杀死后，代达罗斯却因这次背叛行为遭到了米诺斯狠狠的惩罚，米诺斯把代达罗斯和他的儿子（可没带线团哦）一起关进了迷宫深处。永不欠缺才华的代达罗斯又制造出了可以飞的翅膀！可惜翅膀被蜡给粘住了……

才华超越技艺

代达罗斯是典型的技艺无与伦比的天才。从某种程度来说，他还依靠自己的劳作与智慧发明了飞机的雏形。不过他的儿子却是一个反英雄式的希腊人物。伊卡洛斯傲慢自负，行事出格（这对希腊人来说可是巨大缺陷），不听取父亲意见。父亲特意叮嘱他飞行时千万不要离太阳过近，但很显然，他陶醉其中没有做好控制，结果翅膀被引燃，而他也从天空坠落。仿佛是对现代世界的隐喻？

代达罗斯和伊卡洛斯
词源：达伊达罗斯，"有创造才能"
亲属关系：父亲和儿子

遇见代达罗斯和伊卡洛斯

别打断思路

当然，代达罗斯作为一种换称，至今还留在我们的生活里（换称法，或代换法，是一种修辞手段，指某个专有名词变成了普通名词），而迷宫的代名词就是——代达罗斯！我们不大知道的是，代达罗斯之前曾通过把一根线拴在蚂蚁的脚上而让它抵达蜗牛壳最深处。这回我们一下子就能明白为什么他会想出用一根线走出迷宫的主意啦！

伊卡洛斯的梦想：＃我要飞

希腊人不肯原谅伊卡洛斯因狂妄自大而犯下的罪过，但现代社会对却对其宽容有加。他被看作幻想走出自己局限，试图超越自然并抵达巅峰的典型人物……比如，日内瓦就曾将极限运动命名为"伊卡洛斯的梦想"！尽管这与古代文化背道而驰……

在电影中超越局限

伊卡洛斯对于希腊人来说是一个反英雄式的人物，但他渴望接近太阳的行为却颇受追捧。在韦纳伊的电影中，伊夫·蒙当为了揭开一个复杂事件的真相而遭到杀害，电影明确传递出这样一种价值观："努力探求真相的人自焚双翼。"纪录片《伊卡洛斯》却相反，它揭发了俄罗斯的兴奋剂丑闻事件。这是双面伊卡洛斯啊！

这幅马赛克作品表现了忒修斯和米诺陶洛斯在迷宫里大战的场景。

首先，我想由衷地感谢我的父亲。多亏了他，我在电影世界才有了一些参考价值。

十二星座

我们每个人都知道自己的星座，但却鲜少知道这些星座都可追溯到古希腊神话……# 有据可查。

双鱼座

某天，恶魔提丰决定向宙斯发起进攻以夺取他的权位，奥林匹斯山上的居民惊慌失措，为了逃命，纷纷幻化成某种动物，而阿芙洛狄忒和她的儿子厄洛斯化作了两条鱼的模样。为了纪念这次危机事件，宙斯就把他们变成了双鱼座。

水瓶座

在《伊利亚特》中，特洛伊王子伽尼墨得斯被描述成人类最英俊的男人。当宙斯幻化成一头雄鹰时注意到了他，宙斯看他生得英俊，想让他做自己的情人，就把他劫到了奥林匹斯山，并让他担任司酒官（宴席上的斟酒人），而水瓶座的名字即由此而来！

摩羯座

这个标志可能来自潘神，在提坦之战中，他为了逃跑，把自己变成了一只上半身山羊、下半身鱼的怪物，并在后来救下了宙斯。

射手座

这位马人可能是古代最优秀的弓箭手喀戎，他把自己的知识毫无保留地传授给了众多学生，最后却因为沾染上了九头蛇许德拉之血，承受着巨大伤痛，不得不放弃永生！把他变成射手座，算是一种补偿吧。

天蝎座

因为阿波罗的姐姐阿尔忒弥斯爱上了奥利温，他便派出一只火蝎（巨蝎），想杀掉这位猎人。天蝎座与猎户座遥遥相对，当猎户座落下时，天蝎座就会在夏季升起，他们永远在彼此追逐。

天秤座

这个标志来自阿斯特蕾亚的天秤，特洛伊战争期间，宙斯曾将希腊人和特洛伊人的命运放在此天秤上（天秤向希腊人倾斜）。

白羊座

这只会飞的山羊叫作克律索马罗斯，它的金羊毛引发了伊阿宋的传奇历险。

金牛座

这头白色公牛是波塞冬派给克里特国王米诺斯的，后来米诺斯没有遵守诺言，拒绝用它献祭——为了惩罚他，波塞冬让他的妻子爱上了这头公牛，她还怀上了公牛的孩子米诺陶洛斯！

双子座

来自拉丁文 Gémellus，意为"孪生子"，特指卡斯托尔和波鲁克斯，两兄弟既是海伦的哥哥，也是丽达的儿子。（但在罗马人眼中，罗慕路斯和雷穆斯才是罗马城的缔造者！）

巨蟹座

这只小螃蟹是九头蛇许德拉的朋友，赫拉派它到战场袭击赫丘利，结果被其一脚踩死。赫拉觉得它死得很惨，就将它放到天穹，使它永恒闪耀。

狮子座

这是尼米亚的狮子。赫丘利在完成十二项任务中的第一项时就把它杀死了。

处女座

阿斯特蕾亚是正义女神，也是宙斯的女儿。黄金时代（克罗诺斯统治时期）即将结束时，她因厌恶人类的粗野卑劣离开大地。人们表现她时，常把她和她的天秤放在一起。

白羊座

金牛座

双子座

巨蟹座

狮子座

处女座

人名索引

在这份目录中，你可以找到本书中提及的所有人物（如果他们有罗马名字，会以红色字加以标示，而我们采用的名字则加了下划线）。粗体表示的页码对应的是该主角的人物故事。

图片版权

致谢

奥德·戈埃米纳:

我要衷心感谢荷马（真的，他太重要了）和阿克塞尔·B（他比赫克托耳、尤利西斯和埃涅阿斯三个加一起还要厉害），当然，我还要向法国最棒的漫画家安娜－洛尔表达深深的爱意。

安娜－洛尔·瓦鲁特斯科斯:

感谢奥德和阿加特，谢谢你们的善意与热情。参与这本书的创作真的非常开心，我都有点爱上你们俩了。#心动！

感谢伊曼纽尔在本书创作过程中给予我的指导，以及周末时你在我 ins 上留下的评论。

感谢扬尼斯陪在我的身边，每天都告诉我你为此而骄傲，我爱你。

最后，既然我已经嫁进了一个希腊家庭，那么从此以后，我终于敢正视家中祖父的眼睛了，我会在我们的谈话里更准确地引用希腊神话，可能还会一边聊天一边做点眨眼和撞肘的小动作。#出风头奥德。

图书在版编目（CIP）数据

神知识又增加了：希腊神话图解百科 ／（法）奥德·
戈埃米纳著；（法）安娜 - 洛尔·瓦鲁特斯科斯绘；都
文译 . -- 上海：上海文化出版社，2021.6
　　ISBN 978-7-5535-2295-1

　　Ⅰ．①神… Ⅱ．①奥… ②安… ③都… Ⅲ．①神话－
古希腊－通俗读物 Ⅳ．① B932.545-49

　　中国版本图书馆 CIP 数据核字（2021）第 087745 号

出　版　人：姜逸青
选题策划：联合天际·文艺生活工作室
责任编辑：王建敏
特约编辑：邵嘉瑜　　王　争
封面设计：大撇步
美术编辑：梁全新

书　　名	神知识又增加了：希腊神话图解百科
作　　者	［法］奥德·戈埃米纳 著　　［法］安娜-洛尔·瓦鲁特斯科斯 绘
译　　者	都　文
出　　版	上海世纪出版集团　上海文化出版社
地　　址	上海市绍兴路 7 号　 200020
发　　行	未读（天津）文化传媒有限公司
印　　刷	天津联城印刷有限公司
开　　本	880×1230　1/16
印　　张	10
版　　次	2021 年 6 月第一版　 2021 年 6 月第一次印刷
书　　号	ISBN 978-7-5535-2295-1/I.891
定　　价	88.00 元

关注未读好书

未读 CLUB
会员服务平台